Monika-Maria Stöcker

Das Abenteuer einer großen Liebe

Monika-Maria Stöcker

Das Abenteuer einer großen Liebe

Ein Jugendbuch nicht nur für junge Leute

Paulinus

5. durchgesehene Auflage 2010

Mit kirchlicher Druckempfehlung des
Bischöflichen Ordinariates Augsburg,
Nr. 247 vom 22. Januar 1998,
Konstantin Kohler, Generalvikar

Herausgegeben vom Theresienwerk e.V. Augsburg
Gestaltung der Umschlagseite: Nach einem Entwurf von
Anette Kallmeier, Büro Ay, Augsburg

Satz & Herstellung: Paulinus Verlag, Trier
ISBN 978-3-7902-2102-2

Zu beziehen durch die *KSM* – Katholische Schriften-Mission,
Telefon: 0 26 31/976-114, Telefax: 0 26 31/976-250
oder
Paulinus Verlag GmbH
Telefon 06 51/46 08-121, Telefax: 06 51/46 08-220
E-Mail: media@paulinus.de,www.paulinus.de

Inhalt

Vorwort zur 5. Auflage

Das vorliegende Buch mit Texten der heiligen Therese von Lisieux ist vor allem für junge Menschen gedacht, die einen Weg zur wahren „Quelle des Lebens” suchen. Wie die Erfahrung mit den ersten vier Auflagen zeigte, hat es auch vielen Erwachsenen einen Zugang zur theresianischen Spiritualität eröffnet.

Kursiv Gesetztes ist wörtlich aus ihren Schriften ausgewählt, anderes ist mit eigenen Worten erzählt, manches ausführlicher weitergedacht. Im Anhang des Buches findet sich unter anderem eine skizzenhafte Landkarte von Frankreich, die alle Lebensstationen Thereses markiert.

Therese war ein ganz normaler junger Mensch: begeisterungsfähig, aufgeschlossen für alles Gute und Schöne in dieser Welt, hungrig nach Anerkennung und Zärtlichkeit, wissensdurstig, neugierig und kritisch, sensibel und eigenwillig ... Sie kannte Schwierigkeiten und Grenzerfahrungen. Mit starkem Willen und aus der Kraft des Glaubens nahm sie jede Hürde in ihrem Leben; es wurde zu einem unvergleichlichen Abenteuer der Liebe.

An dieser Stelle möchte ich allen herzlich danken, die zur Entstehung dieses Buches beigetragen haben, nicht zuletzt der heiligen Therese selbst, die mich innerlich dazu angetrieben und mich begleitet hat.

Augsburg, den 02. Januar 2010,
am Geburtstag der hl. Therese

Monika-Maria Stöcker

Die 5. Auflage dieses Buches
widme ich dem Heiligen Vater
Papst Benedikt XVI.,
in Dankbarkeit für die Seligsprechung
der Eltern der hl. Therese von Lisieux,
Louis und Zelie Martin
am 19.10.2008.

I. Kapitel
Meine ersten vier Lebensjahre in Alençon

Meine Eltern

Zuerst möchte ich etwas über meine Eltern und Geschwister erzählen, denn sie gehören ja untrennbar zu meiner Lebensgeschichte.

Mein Vater, Louis Martin, wurde am 22. August 1823 in Bordeaux, Frankreich, geboren. Sein Traum war es, mit einundzwanzig Jahren in ein Kloster einzutreten. Dort wurde er aber abgewiesen, weil er kein Latein konnte. Sofort machte er sich daran, die Sprache nachzulernen, was ihm allerdings sehr schwer fiel.

Bald musste er einsehen, dass Latein nicht zu seinen starken Seiten gehörte. Darum erlernte er das Uhrenhandwerk und übernahm das Juweliergeschäft seiner Eltern. Er arbeitete sehr viel und war erfolgreich. Sein einziges Vergnügen war, wenn er an den Wochenenden stundenlang fischen konnte. Ab und zu traf er sich abends mit Freunden zum Glaubensgespräch. Er schämte sich nicht, öffentlich zu zeigen, Christ zu sein. Er ging gern in den Gottesdienst. Gott war für ihn wie ein guter Freund, mit dem er über alles reden konnte.

Mein Papa war ein schöner und lieber Mann. Das fiel besonders den Mädchen in Alençon auf, und so manches hatte ein Auge auf ihn geworfen. Papa allerdings ignorierte sie alle, er wollte vom Heiraten nichts wissen. Oma machte sich Sorgen darüber, weil Papa mit seinen vierunddreißig Jahren zum Heiraten schon ziemlich alt war.

Heimlich suchte sie eine passende Frau für ihn. Mit mütterlicher Schlauheit gelang es ihr, den Widerstand von Papa ins Wanken zu bringen.

Meine Mutter, Zélie Guérin, wurde am 23. Dezember 1831 in Gandelain geboren. Sie hatte keine schöne Kindheit. Ihre Mutter war eine ziemlich rauhe Bäuerin, die zu ihrer Tochter sehr streng war. Darunter litt meine Mama, besonders weil ihr Bruder offensichtlich sehr verwöhnt wurde.

Auch sie wollte in ein Kloster eintreten und wurde ebenfalls abgewiesen. Tief enttäuscht darüber, machte sie sich daran, die Kunst der Herstellung von Alençon-Spitzen zu lernen. Diese Spitzen machten Alençon in ganz Europa bekannt.

Bald beherrschte sie diese tüftelige Handarbeit so gut, dass sie es wagte, zusammen mit ihrer Schwester, meiner Tante Marie-Louise, ein eigenes Geschäft zu eröffnen, und das mit erst zweiundzwanzig Jahren. Tante Marie durfte aber bald in ein Kloster eintreten, und Mama arbeitete mit ihren Angestellten allein weiter.

Die Bemühungen meiner Oma, Papa doch noch zu verheiraten, wurden durch ein geheimnisvolles Ereignis erleichtert. Das war so: Als Mama eines Tages in Alençon über die Brücke St. Leonhard ging, kam ihr ein junger Mann entgegen, der sie sehr beeindruckte. Eine innere Stimme sagte ihr: „Das ist er!“ Auch für Papa war es „Liebe auf den ersten Blick“. Da für die beiden kein Zweifel bestand, dass sie zusammengehörten, wollten sie schon drei Monate später heiraten.

Die Hochzeit feierten sie am 13. Juli 1858 in der herrlichen

Kirche „Unsere Liebe Frau“ in Alençon im engsten Familienkreis um Mitternacht, so wie es damals üblich war.

Zélie Guérin

Louis Martin

In aller Eile richteten sich die beiden eine neue Wohnung und ein Büro für meine Mutter ein. Sie, die doch eigentlich ins Kloster gehen wollten, hatten nun den Plan gefasst, Gott viele Kinder zu schenken.

Meine Geschwister

Die Freude meiner Eltern war groß, als ihr erstes Kind, Marie-Louise, am 22. Februar 1860 zur Welt kam. Mama fühlte sich glücklich in ihrer Mutterrolle. Als mein Vater mit seiner Tochter zur Taufe ging, sagte er voller Stolz und mit strahlenden Augen zum Pfarrer: „Das ist das erste Mal, dass Sie mich wegen einer Taufe sehen, doch es wird nicht das letzte Mal sein." Wie recht er hatte! Schon am 7. September 1861 wurde Marie-Pauline geboren. Sie war ein gesundes und immer lebhaftes Kind.

Marie und Pauline wurden im Oktober 1868 Schülerinnen einer Klosterschule in Le Mans, demselben Kloster, in dem auch Tante Marie-Louise war. Es gefiel den beiden nicht besonders in dem Pensionat; sie freuten sich immer sehr auf die Ferien, in denen sie heimfahren konnten. Eine gute Ausbildung ihrer Töchter war meinen Eltern sehr wichtig, deshalb arbeiteten sie auch so viel, um das teure Pensionat bezahlen zu können.

Mit der Geburt von Marie-Léonie am 3. Juli 1863 begannen die Sorgen meiner Eltern. Marie-Léonie war ein hübsches blondes Kind mit blauen Augen, leider aber immer ein bisschen krank und schwach. Meine Eltern kämpften viele Monate um das Leben von Léonie. Papa machte lange Wallfahrten, betete viel und bat Gott, seiner lieben Kleinen doch zu helfen. Und siehe da, Léonie, die bis dahin zu schwach war, um sich auf ihre Beine zu stellen, lief „wie ein kleiner Hase". Allerdings machte sie meinen Eltern immer ein wenig Kummer wegen ihres schwierigen Charakters und ihrer wenig entwickelten Intelligenz.[1] Da ihr das Lernen schwerfiel, war Mama überglücklich, dass Léonie durch die Fürsprache von Tante Marie-Louise auch in die Klosterschule in Le Mans aufgenommen wurde. 1871 musste sie vom Elternhaus Abschied nehmen und zu ihren Schwestern ins Pensionat ziehen. Bald aber wurde sie von den Schwestern in der Heimsuchung zurückgeschickt, worüber Mama sehr verzweifelt war.

---

1 Vgl. Briefe der Mutter, S. 69.

Als am 13. Oktober 1864 Marie-Hélène zur Welt kam, konnte Mama sie nicht stillen, worüber sie sehr traurig war. Eine Mutter, die selbst nicht stillen konnte, musste ihr Kind gegen Bezahlung einer Amme anvertrauen, die auch gerade ein Baby bekommen und genug Milch hatte, um auch noch ein fremdes Kind zu stillen. Es war nicht immer einfach, dafür gewissenhafte Frauen zu finden. Meine Eltern hatten einigen Kummer mit den verschiedenen Ammen meiner Geschwister, manche aber waren herzensgut und versorgten die Kleinen mit viel Liebe.

Also auch Helene musste zu einer Amme gebracht werden. Mama besuchte sie jeden Tag und freute sich riesig darauf, sie liebevoll in ihre Arme zu nehmen. Nach etwa einem Jahr kam Helene zurück ins Elternhaus. Sie war ein zärtliches und gescheites Kind. Eine seltsame Müdigkeit, zunächst von allen unbemerkt, überfiel sie immer öfter. Nach einer Krankheit, deren Ernst der Arzt nicht erkannt hatte, starb Helene mit fünfeinhalb Jahren. Vor der Beerdigung verbrachte Mama die ganze Nacht bei ihrem Liebling. Sie zog Helene selbst an und bettete sie in den Sarg. Mama hatte das Gefühl, mit ihrem Kind sterben zu müssen, und wollte es von niemand anrühren lassen.

Die Begeisterung der Familie war groß, als am 20. September 1866 ein Brüderchen zur Welt kam. Auch Mama war außer sich vor Freude über den kleinen Marie-Joseph-Louis und sagte: „Ich glaube, mein Glück ist vollkommen!" Damals war es in gläubigen Familien üblich, dass ein Sohn Priester werden sollte. In Mamas Phantasie sah sie den kleinen Joseph schon am Altar stehen oder predigen. Dieser Traum wurde aber bald zerstört. Mit nur fünf

Monaten starb Joseph in Mamas Armen.[1] Doch bald durfte sie sich freuen, denn es hatte sich wieder ein Kind angemeldet.

Jean-Baptist-Marie-Joseph wurde am 19. Dezember 1867 geboren. Marie und seine junge Patin Pauline spielten ausgelassen mit ihrem Bruder. Aber auch er wurde krank. Mama musste seinem Leiden hilflos zusehen. Joseph starb im Alter von nur acht Monaten. Mama berichtete darüber in einem Brief an ihren Bruder: „Mein lieber kleiner Joseph ist heute früh um 7 Uhr gestorben. Ich war die ganze Nacht bei ihm, er hat schrecklich gelitten. Unter Tränen bat ich Gott, ihn doch zu erlösen.“ Mama setzte ihm ein Kränzlein von weißen Rosen auf die Stirn und legte ihn in einen kleinen Sarg. Trotz all dieser seelischen Schmerzen gab unsere Mutter die Hoffnung nicht auf, noch weitere Kinder zu bekommen.

Mit Marie-Céline wurde am 28. April 1869 ihr Vertrauen belohnt. Tausend Ängste plagten meine Mutter. Aber alles wendete sich zum Guten, das Baby entwickelte sich prächtig und war gesund.

Als ein Jahr später in unserem Land ein Krieg tobte, wurde am 16. August 1870 Marie-Mélanie-Thérèse geboren. Trotz aller Bemühungen konnte Mama das Baby nicht stillen. Weil die Kleine von der Milchflasche schreckliche Magenkrämpfe bekam, musste wieder eine Amme gesucht werden. Die erste hatte das Kind so vernachlässigt, dass Papa mitten in der Nacht eine neue suchen musste. Nachdem diese aber krank wurde und keine andere Amme ge-

---

1 Die näheren Umstände des Sterbens von Marie-Joseph-Louis sind unbekannt, es fehlen darüber Aufzeichnungen.

funden werden konnte, musste das Baby mit sieben Wochen vor Hunger sterben. Es war schrecklich! Mama war tief erschüttert, am liebsten wäre sie gestorben. Aber da waren ja noch die anderen Kinder, denen sie nun ihre ganze mütterliche Liebe schenkte. Im stillen wünschte sie sich noch ein Mädchen, eine Therese, die der verstorbenen gleichen sollte. Auch diesen stillen Wunsch hat der liebe Gott ihr erfüllt.

Bei der Amme in Semallé

Als Mama mit mir schwanger war, machte sie sich viele Gedanken über sich und mich. So schrieb sie an ihren Bru-

Thereses Geburtshaus in Alençon

der: „Gäbe Gott mir doch die Gnade, das Kind zu nähren! Es wäre mir ein Freude, es aufzuziehen. Ich habe Kinder schrecklich gern; ich bin geboren, sie zu bekommen. Aber es wird bald Zeit, damit aufzuhören, denn nächsten Monat werde ich einundvierzig Jahre, ein Alter, in dem man Großmutter wird!“ Am 2. Januar 1873 um 23.30 Uhr wurde ich geboren, und Marie, meine Schwester, die damals knapp dreizehn Jahre alt war, wurde meine Patin.

Mama versuchte, mich zu stillen, aber da die Milch nicht ausreichte, musste sie mir Babynahrung aus Paniermehl mit halb Wasser, halb Milch in der Flasche geben. Bald bemerkte Mama bei mir die gleichen beunruhigenden Anzeichen einer Darmverstimmung wie bei meinen Geschwistern, die gestorben waren. Sie hatte schreckliche Angst um mich, weil sich mein Zustand mehr und mehr verschlechterte. Ein rasch herbeigeholter Arzt meinte: „Dieses Kind muss sofort Muttermilch bekommen, allein dadurch kann es gerettet werden.“ Schließlich versuchte man am gleichen Abend, eine Amme für mich zu finden. Mama kannte eine liebe Frau in Semallé, deren Kind allerdings schon ein Jahr alt war. Darum hatte sie Bedenken, ob ich mit erst acht Wochen diese Milch vertragen würde. Aber es war meine letzte Chance zu überleben.

Leider war es an diesem Abend schon zu spät, um sich auf den weiten Weg zu machen, aber gleich am nächsten Morgen ging Mama zu Fuß und ganz allein nach Semallé, das acht Kilometer von Alençon entfernt war. Mama fürchtete sich sehr, dachte aber nur an mich und meinen bedrohlichen Zustand. Schließlich kam sie bei der Amme an und bat sie, ob sie nicht mitkommen wolle, um ganz bei uns zu wohnen. Frau Rose Taillé wollte ihre Kinder und ihr Haus aber nicht allein lassen und machte den Vorschlag, acht Tage bei uns zu bleiben und mich dann in ihr kleines Bauernhaus mitzunehmen. Mama war mit dieser Lösung einverstanden, denn sie wusste, dass ich bei der Frau gut aufgehoben sein würde. Mama und die Amme machten sich nun auf den Weg nach Alençon und kamen gegen 10.30 Uhr bei uns zu Hause an. Als mich die Amme sah, schüttelte sie den Kopf, als wollte sie sagen: „Ich bin umsonst gekommen!“

Mama überließ mich der Amme und ging nach oben, wo unsere Schlafzimmer waren. Sie kniete vor der Statue des heiligen Josefs nieder und flehte ihn um seine Fürsprache bei Gott an, damit ich geheilt würde; dabei weinte sie sehr, was selten vorkam. Nach einer Weile ging sie nach unten und traute ihren Augen nicht. Ich lag an der Brust meiner Amme und trank ... und trank, erst nach zirka zwei Stunden hörte ich auf. Plötzlich erbrach ich und fiel dann wie tot auf die Schulter der Amme. Alle, die dabei standen, waren tief betroffen. Ich gab kein Lebenszeichen mehr, und man konnte auch nicht erkennen, ob ich noch atmete. Mama dankte Gott, dass er mich so sanft hatte sterben lassen. So verging etwa eine Viertelstunde ... Dann öffnete ich die Augen und lächelte. Von diesem Augenblick an war ich gesund und ein fröhliches Kind. Meine Eltern mussten sich aber damit abfinden, dass meine Amme mich mit nach Semallé nahm.

Rose Taillé war damals siebenunddreißig Jahre alt und hatte schon meine beiden verstorbenen Brüder gestillt. Sie hatte selbst vier Kinder. Eugen, der Jüngste, war dreizehn Monate alt. Ihr Mann brummte zwar ein wenig, als wieder ein Pflegekind ins Haus kam, aber Rose überzeugte ihn davon, dass mein Leben davon abhinge.

Das Häuschen, in dem ich nun wohnte, war aus Steinen und Strohlehm schlecht gebaut. Es hatte ein Erd- und ein Dachgeschoss; es war wirklich klein und niedrig und eines der ärmsten in der Umgebung. Der Kuhstall, der unentbehrliche Misthaufen und das Gewimmel der Hühner umgaben das Haus mit typischer Landluft. Die Wohnräume waren sauber gepflegt.

Rose verstand es, den Haushalt zu führen und die Kinder gut zu erziehen. Die Pflegekinder, die sie für eine begrenzte Zeit aufnahm, erhielten die gleiche, liebevolle Fürsorge wie die eigenen. Und so ging es auch mir in der Familie Taillé rundherum gut. Ich fühlte mich offensichtlich wohl und blühte auf wie die Blumen im Frühling. Die gute Luft, die Sonne, der würzige Geruch der gepflügten Erde, der Duft der blühenden Getreidefelder, die ländliche Umgebung und das gesunde bäuerliche Leben hatten aus mir ein richtiges Landkind gemacht.

Ich liebte meine Amme so sehr, dass es nicht ratsam war, mich von ihr zu trennen. Den Beweis dafür lieferte ich prompt. Eines Tages, ich war gerade vier Monate alt, brachte mich Rose zu meinen Eltern, um die heilige Messe besuchen zu können. Kaum hatte sie das Haus verlassen, weinte ich untröstlich, alle waren hilflos. Man schickte unsere Hausgehilfin Louise hinter ihr her mit der Bitte, Rose möge gleich nach dem Gottesdienst zurückkommen. Sie aber verließ kurzerhand die Kirche und lief zu mir. Mama war ein bisschen böse darüber, dass Rose wegen mir die halbe Messe versäumt hatte. Jedenfalls war ich augenblicklich getröstet und still in den Armen meiner geliebten Amme. Eigentlich wollte Rose nach dem Gottesdienst noch Schuhe für ihre Kinder kaufen, aber daraus wurde dann nichts mehr.

Wenige Tage später brachte eine ähnliche Situation meine Familie aus der Fassung. Jeden Donnerstag ging Rose auf den Markt von Alençon, um die Produkte ihrer kleinen Landwirtschaft zu verkaufen: Milch und Butter von der einzigen Kuh „Roussette“, Eier und Gemüse. Zuvor kam ich wieder zu meiner Familie, aber ich gab nicht eher Ruhe, bis man mich zu meiner Amme auf den Markt trug; sobald ich sie erblickte, strahlte ich übers ganze Gesicht und war sofort ruhig. Bis zum Mittag durfte ich bei ihr auf dem Markt bleiben.

So verging ein Monat um den anderen. Bis zum Juli war ich ein recht pummeliges Baby geworden. Die Zeit, das Heu einzuholen, war gekommen, und Rose nahm mich in einem Schubkarren mit auf die Felder und setzte mich dann auf den beladenen Heuwagen. Während sie die Kuh melkte, durfte ich mich auf „Rousette“ setzen, deren gutmutige Art das erlaubte.

Eines Tages, ich war wieder zu Besuch bei meinen Eltern, versammelten sich die Spitzenarbeiterinnen meiner Mutter im Büro. Man reichte mich von einer zur anderen, was mir offensichtlich Spaß machte. Liebevoll umarmte ich die Arbeiterinnen, denn es waren Frauen vom Lande, gekleidet wie meine Rose. Dann betrat eine feine Dame das Büro und hätte mich auch gern auf den Arm genommen. Sie streckte mir ihre Hände entgegen, aber ich versteckte mich und schrie wie ein gebranntes Kind. Nein, ich wollte sie nicht einmal anschauen, diese vornehme, aufgeputzte Dame, die mir Angst machte.

Jedes Wochenende besuchte mich meine Familie in Semallé. Diese Ausflüge aufs Land waren für Marie, Pauline, Léonie und Céline ein herrliches Vergnügen. Sie genossen das Schwarzbrot meiner Amme, und ihre Kinder freuten sich über das Weißbrot aus der Stadt.

Ein Jahr verging, und Mama konnte den Tag meiner Heimkehr kaum erwarten. In einem Brief an meine Tante (11. Januar 1874) schrieb sie:

„Seit Donnerstag läuft meine kleine Therese allein; sie ist sanft und lieb wie ein Engel, und sie hat einen reizenden Charakter, man sieht das schon - und ein süßes Lächeln. Es wird mir lang, bis ich sie zu Hause habe."

Wieder bei meiner Familie

Am 2. April war es dann soweit, dass ich in mein Elternhaus zurückkehrte; ich war gerade fünfzehn Monate alt. Mit großer Liebe und Freude wurde ich von meinen Eltern und Geschwistern erwartet. Um mir den Abschied von meiner geliebten Amme zu erleichtern, brachte Céline alle Spielsachen herbei, um mich abzulenken. Auch meine älteren Schwestern, Marie und Pauline, die gerade Osterferien hatten, beschäftigten sich viel mit mir. Darum war ich sehr traurig, als sie nach zwei Wochen ins Internat nach Le Mans[1] zurückkehren mussten. Um so mehr klammerte ich mich nun an Mama. Sie konnte keinen Schritt tun, ohne dass ich nicht an ihrem Schürzenzipfel hing. Obwohl ich so gern im Garten spielte, wollte ich auch dort nicht ohne Mama sein. Manchmal wusste sie nicht, wie sie ihre Arbeit verrichten sollte, weil ich sofort weinte, wenn ich sie nicht sah.

Papa war begeistert von seiner jüngsten Tochter und nannte mich seine „kleine Königin", die er gern verwöhnte. So

1 In Le Mans war eine Klosterschule, in der eine Schwester von Frau Martin Ordensfrau war (siehe auch Seite 13).

brachte er eines Tages eine Schaukel für den Garten heim. Welche Freude für Céline und mich - wir schaukelten um die Wette. Obwohl ich erst eineinhalb Jahre alt war, wollte ich genauso hoch schaukeln wie Céline. Ich umklammerte mit meinen kleinen Händen das Seil und schrie, wenn man mich nicht fest genug anschubste. Der liebe Gott hat mich gewiss einem besonderen Schutzengel anvertraut, denn ich war wirklich ein Wildfang.

Mama hatte die Gewohnheit, täglich um 5.30 Uhr in die heilige Messe zu gehen. Vorher legte sie mich in ihr Bett und stellte meine Wiege so nah heran, dass ich unmöglich herausfallen konnte. Als sie es einmal vergaß, fand sie mich nach der Messe schlafend auf einem Stuhl. Niemand konnte sich vorstellen, wie ich dorthin gekommen war. Mama dankte Gott, dass mir nichts passiert war.

Die Feiertage in unserer Familie waren immer besonders schön, weil dann auch Marie und Pauline nach Hause kamen. Beim Wiedersehen gab es Freudenschreie, Umarmungen und Lachen ohne Ende. Papa war voll dabei, er war unser großer Spielkamerad und Spaßmacher. Wir durften ihn immer stören, selbst dann, wenn er ganz vertieft in seinen Büchern las. Er bastelte für uns kleine Spielzeuge oder zeigte uns mit vergoldeten Kugeln Kunststücke wie ein echter Jongleur. Als seine „kleine Königin“ durfte ich auf seinen Stiefeln sitzen und reiten.

Meine erste Reise mit der Eisenbahn von Alençon nach Le Mans war sehr aufregend. Ich erinnere mich nicht mehr, warum ich damals herzzerreißend weinte, jedenfalls konnte Mama meiner Klostertante nur ein kleines hässliches Mädchen mit verheulten Augen vorstellen. Schnell war ich getröstet, als mir die Tante ein mit Bonbons

Therese im Juli 1876 mit drei Jahren

gefülltes Körbchen schenkte, und mein Kinderglück war wieder vollkommen, als ich oben darauf zwei hübsche Ringe für Céline und mich sah.

Leider hatte ich nicht gleich bemerkt, dass ich auf dem Weg zum Bahnhof fast die Hälfte der Bonbons und einen

Ring verloren hatte. Als ich es schließlich entdeckte, war mein Leid groß. Ich wollte unbedingt umkehren, um meine Schätze zu suchen, und konnte es nicht begreifen, dass Mama meinen Kummer nicht teilte. Erst als ich weinte und schrie, erbarmte sie sich, und wir sammelten gemeinsam meine kleinen Kostbarkeiten von der Straße auf.

Ja, ich konnte recht eigensinnig sein und wollte überall meinen Dickkopf durchsetzen. Das zeigte sich bei vielen kleinen Begebenheiten, die mir später erzählt wurden. Einige möchte ich berichten, weil sie deutlich zeigen, dass ich weit davon entfernt war, ein braves oder gar heiliges Kind zu sein.

Schon mit zwei Jahren durfte ich jeden Sonntag mit zur Messe gehen. Aber wehe, wenn man mich vergaß! Einmal machte ich mich selbst auf den Weg, doch unser Dienstmädchen Louise fing mich im strömenden Regen wieder ein. Sie musste sich einiges einfallen lassen, um mich zu trösten.

Im Jahr 1875 hatte Marie ihre Schulzeit in Le Mans abgeschlossen und kam nach Hause. Sie spielte viel und gern mit mir und brachte mich öfter ins Bett; manchmal durfte ich mich in das große Bett meiner Eltern legen. Eines abends vergaß Marie, mit mir zu beten. Als Mama später ins Zimmer kam, um mich in mein Kinderbett zu legen, protestierte ich energisch, das große warme Bett verlassen zu müssen. Während sie betete, maulte ich die ganze Zeit, ich wollte auch beten. Weil ich keine Ruhe gab, erbarmte sich Papa, der gerade zu Bett gehen wollte, und betete mit mir. Nach langem „Hin und Her“ brachte er es schließlich fertig, mich zum Einschlafen zu bringen.

Ich hatte das Talent, Mama immer wieder von ihrer Arbeit abzuhalten. Ein Spiel mit ihr liebte ich besonders: die Treppe hinauf oder hinunter zu hüpfen und bei jeder Stufe „Mama" zu rufen. Wenn sie unglücklicherweise die Antwort vergaß: „Ja, mein Kleines", blieb ich stehen und ging keinen Schritt mehr weiter. Ganz gleich, womit sie gerade beschäftigt war, ich verlangte ihre Antwort. Immer dann, wenn es nicht nach meinem Willen ging, warf ich mich vor Zorn auf den Boden, trampelte mit den Füßen und schrie, bis ich fast erstickte.

Ich hatte ein so heftiges Temperament, dass ich selbst in der Nacht keine Ruhe gab: Die Decke strampelte ich im Schlaf von mir und stieß den Kopf gegen die Holzwand meines Bettchens, bis ich vom Schmerz aufwachte und rief: *„Mama, ich bin angeschlagen!"* Meine geplagte Mutter musste aufstehen und stellte tatsächlich Beulen an meiner Stirn fest. Kaum hatte sie mich getröstet und wieder zugedeckt, begann das gleiche von vorn. Es half nur ein Mittel: den Wildfang jeden Abend im Bett festzubinden. Von da an schlief ich ruhig und zufrieden.

Céline erhielt von unserer großen Schwester Marie Schreib- und Leseunterricht. Weil ich mich von meiner liebsten Spielgefährtin nicht trennen wollte, bettelte ich bei Marie, mit Céline lernen zu dürfen. Ich quälte sie so lange, bis sie mir eines Tages - mehr zum Spaß - die Buchstaben zeigte. Marie war überrascht, als ich ihr am folgenden Tag in meinem Lesebuch alle Buchstaben richtig nannte, die sie mir durcheinander zeigte. Nun nahm sie mich auch als ihre Schülerin an, und schon mit drei Jahren konnte ich Buchstaben lesen und schreiben.

Ich hatte es wieder einmal geschafft, meinen Willen

durchzusetzen, und brauchte mich nicht von Céline zu trennen. Alles, was sie tat, wollte ich auch tun. Auf „Schritt und Tritt“ lief ich ihr nach, um ja nichts zu verpassen.

Bei Tisch saß ich in einem hohen Kinderstuhl, aus dem ich mich selbst nicht befreien konnte. Stand Céline auf, verzichtete ich lieber auf die Nachspeise, um ihr zu folgen, und ich bettelte so lange, bis man mich schließlich aus meinem Stuhl heraushob.

Meine ersten Kinderjahre waren voller Glück. Mit Freude denke ich an unsere Ausflüge zum Pavillon[1], an die Bootsfahrten, an die sonntäglichen Spaziergänge mit Mama durch blühende Wiesen, Felder und dichte Wälder, oder wenn Papa mich zum Fischen mitnahm. Ich hatte das Empfinden, dass mir alles auf Erden zulächelte. Der liebe Gott hat mir einen Blick für alles Schöne geschenkt, und weil er mir auch noch ein sonniges und fröhliches Wesen mitgegeben hatte, liebten mich alle und wollten mir ein unbeschwertes, angenehmes Leben ermöglichen.

Diese glücklichen Kindertage wurden von dunklen Wolken überschattet: Mama wurde ernsthaft krank. Schon einige Jahre vor meiner Geburt litt sie unter einer Verhärtung und Schmerzen in der rechten Brust. Elf Jahre schlummerte die Krankheit, bis sich im Oktober 1876 der Knoten unter stechenden Schmerzen vergrößerte. Die Medikamente von Onkel Isidor[2] brachten keine Besserung, so dass Mama einen Arzt aufsuchen musste. Der konfrontierte sie schonungslos mit der Diagnose: „Das ist Krebs!

---

1 Der Pavillon war ein kleines Besitztum der Familie Martin auf dem Land mit einem Teich mitten im Grünen.
2 Onkel Isidor, der Bruder von Frau Martin, war Apotheker in Lisieux.

Eine Operation ist aussichtslos!“ Wie ein Keulenschlag traf meine Familie diese Nachricht. Wir waren alle schockiert und weinten. Papa stellte schluchzend die Frage: „Wie soll nun alles weitergehen mit den Kindern, dem Geschäft, dem Haus ...?“

Mama hatte sich schnell gefasst und hoffte auf Gottes Hilfe. Voll Vertrauen bat sie ihn um die Gnade, wegen der Kinder gesund werden zu dürfen. Léonie war mit ihrem schwierigen Charakter Mamas Sorgenkind. In ihren Briefen an Pauline, die noch in der Klosterschule war, schrieb sie immer wieder:

„Ich vertraue auf Gott und bitte ihn, mich leben zu lassen; gern will ich meine Krankheit ertragen und daran sterben, wenn Léonie mich nicht mehr braucht. Die beiden Kleinen machen mir keine Sorgen, sie sind lieb. Marie könnte sie mit Deiner Hilfe leicht erziehen, nur Léonie braucht mich noch. Nun ja, meine liebe Pauline, ich habe sehr viel Hoffnung, gesund zu werden, Du betest ja für mich.“

Unsere Klostertante in Le Mans war, neben Onkel Isidor und seiner Frau, für Mama eine enge Vertraute in ihrem Leiden und Sorgen. Darum traf es sie besonders hart, als wir die Nachricht erhielten, die Tante sei an einer Lungenkrankheit gestorben.

In dieser traurigen Zeit machte Papa den Vorschlag, Mama solle mit Marie, Pauline und Léonie eine Pilgerfahrt nach Lourdes[1] machen, um dort durch die Fürsprache der Gottesmutter Heilung zu erbitten.

---

1 Lourdes ist ein Marienwallfahrtsort in Südfrankreich mit einer Heilquelle. 1854 ist dem Mädchen Bernadette dort in der Grotte von Masabielle die Gottesmutter Maria erschienen.

Die Reise war alles andere als ein Vergnügen. Vielfältige Schwierigkeiten machten die Wallfahrt für unsere schwerkranke Mutter zu einem qualvollen Unternehmen: Das Rattern und Stoßen des Zuges verursachten ihr noch mehr Schmerzen; meine Geschwister gaben auf der ganzen Reise keine Ruhe; in Lourdes waren Unterkunft und Verpflegung so schlecht, dass sie zuerst auf Zimmersuche gehen mussten; Marie verlor den Rosenkranz der verstorbenen Tante und war untröstlich; Mama stürzte so unglücklich, dass sie Prellungen und Schmerzen erlitt, die nicht mehr aufhörten.

Trotz all dieser Missgeschicke verlor Mama nicht den Mut. Mit großem Vertrauen betete sie in der Grotte zu Maria, die besonders in Lourdes als „Heil der Kranken" angerufen wird. Denn viele Menschen konnten diesen gesegneten Ort gesund verlassen.

Mama badete fünfmal in der eiskalten Heilquelle, in der Hoffnung, die Heilige Jungfrau würde auch sie heilen. Doch sie spürte keinerlei Besserung.

Daheim warteten Papa, Céline und ich jeden Tag auf ein Telegramm mit der befreienden Nachricht, dass Mama geheilt sei. Als sie todkrank wieder heimkehrte, waren wir alle sehr enttäuscht. Mama aber hatte die innere Kraft erhalten, ihre eigene Enttäuschung zu überwinden, ihre Schmerzen tapfer zu ertragen und ihren wahren Zustand mit einer gelassenen Fröhlichkeit zu überspielen. Das Leben zu Hause musste weitergehen, und Mama verstand es, uns über ihre Leiden hinweg zu trösten. Sie musste uns aber bald den erschreckenden Fortschritt ihrer Krankheit eingestehen. Der Gang zur Kirche war ihr nicht mehr möglich. Mama litt wirklich Höllenqualen, ihre letzten Lebenswochen waren für uns alle furchtbar.

Manchmal hörten wir sie ganz laut beten: „O mein Gott, du siehst doch, dass mich die Kräfte zum Leiden verlassen. Hab Erbarmen mit mir. Wenn es schon sein muss, dass ich leiden soll, flehe ich dich an, mich nicht zu verlassen!"

Céline und ich wurden nun jeden Tag zu Verwandten von Papa gebracht. Alle waren sehr lieb zu uns und bemühten sich, uns mit schönen Spielsachen und Spazierfahrten abzulenken, wir beide dachten aber immer an unsere arme Mama.

Anfang August nutzten wir eine vorübergehende Besserung von Mama, um ihr eine Überraschung zu bereiten: die Verleihung von Preisen an die zwei fleißigen Schülerinnen Céline und Therese. Marie, unsere Privatlehrerin, hatte zu diesem Anlass ihr Zimmer mit Girlanden aus Efeu und Rosensträußchen geschmückt. Unsere Eltern nahmen auf zwei Sesseln Platz. Céline und ich waren ganz in Weiß gekleidet. Marie rief ihre beiden Schülerinnen auf und hielt eine feierliche Rede, die sie mit Pauline entworfen hatte. Aus den Händen von Mama und Papa empfingen wir dann unsere Auszeichnungen. Als Mama ihre fünf Kinder so fröhlich beieinander sah, sagte sie unter Tränen: „Meine armen Kinder, ich werde nie mehr mit euch ausgehen können."

Nach diesem schönen Familienereignis folgte wieder eine traurige Zeit. Mamas Krebsleiden verschlimmerte sich nun täglich. Alle Einzelheiten ihrer Krankheit sind mir in Gedanken und im Herzen in lebendiger Erinnerung. An ihre letzten Lebenstage entsinne ich mich besonders gut:

Wir Kinder durften nur noch flüsternd miteinander sprechen, denn das kleinste Geräusch löste bei ihr heftige Schmerzanfälle aus. Mama war abgemagert und schwach geworden, so dass wir sie kaum verstehen konnten und uns bemühen mussten, ihr die Worte von den Lippen abzulesen. Ein Blutsturz, drei Tage vor ihrem Tod, entkräftete sie vollkommen. Ihre Beine und der rechte Arm schwollen stark an, und ihr Aussehen veränderte sich. Papa benachrichtigte Onkel Isidor, damit dieser seine Schwester noch bei vollem Bewusstsein sehen könne. Mitte August hatte Mama ihm selbst noch geschrieben: „Wenn Maria mich nicht heilt, dann ist meine Zeit eben vorbei; und der liebe Gott will, dass ich mich anderswo als auf Erden ausruhe . . .“

Tod der Mutter

Die Tage auf Erden waren für Mama gezählt. Papa litt unsagbar, Tag und Nacht verließ er sie nicht mehr. Zu seinem Namenstag am 25. August konnte Mama ihm noch gratulieren. Am Tag darauf musste Papa den Pfarrer holen, damit er Mama die Sterbesakramente spenden solle. *Der ergreifende Ritus der „Letzten Ölung“*[1] *hat sich tief in meine Seele eingeprägt. Ich sehe noch den Platz, wo ich neben Céline stand,* dann folgten meine Schwestern Léonie, Pauline und Marie. Zusammen mit unserem schluchzenden Papa knieten wir im Sterbezimmer nieder, um mit dem Priester für Mama zu beten.

---

1 Seit dem Zweiten Vatikanischen Konzil hat die „Letzte Ölung“ wieder ihren ursprünglichen Stellenwert als Sakrament der Krankensalbung.

Einen Tag später, am 27. August, kam Onkel Isidor mit unserer Tante aus Lisieux. Als sie das Krankenzimmer betraten, empfing Mama sie mit einem Lächeln; sprechen konnte sie nicht mehr. Dann schaute sie die beiden mit einem flehenden Blick lange an, als wollte sie sagen: Kümmert euch nach meinem Tod um die Kinder.

In der darauffolgenden Nacht gab Mama ihr Leben zurück in die Hände Gottes und starb gegen 0.30 Uhr im Beisein von Papa und Onkel Isidor. Papa benachrichtigte sofort meine drei älteren Schwestern. Pauline, die sich ins Gartenhäuschen geflüchtet hatte, kam ganz in Tränen aufgelöst zu uns Kleinen, aber sie wollte uns nicht aus dem Schlaf reißen, sondern brachte uns erst am nächsten Morgen die schlimme Nachricht.

Papa führte mich zum Totenbett, nahm mich dann auf den Arm und sagte: *„Komm, gib deiner armen Mama zum letztenmal einen Kuss.“ Ohne ein Wort zu sagen, drückte ich meine Lippen auf die Stirn meiner geliebten Mutter.*

Ich erinnere mich nicht mehr, viel geweint zu haben; mit niemandem sprach ich von den tiefen Gefühlen, die ich empfunden hatte ... Stumm schaute und hörte ich den Gesprächen der Großen zu. In der allgemeinen Aufregung hatte keiner Zeit, sich um mich zu kümmern, und so sah ich manches, was man mir eigentlich verbergen wollte. Einmal stand ich vor dem Sargdeckel. Lange blieb ich stehen und schaute meine tote Mama an …

Schon an nächsten Tag war die Beerdigung, aber wir Kinder durften nicht daran teilnehmen. *Wir waren alle fünf beisammen und blickten uns traurig an.* Unser Dienstmädchen Louise sagte voll Mitleid zu Céline und mir:

„Ihr armen Kleinen, nun habt ihr keine Mutter mehr!“ Da *warf sich Céline in die Arme von Marie: „Nun gut, so wirst du jetzt meine Mama sein!“* Ich lief in die Arme von Pauline und rief aus: *„Nun gut, für mich wird Pauline Mama sein!“*

Es zeigte sich bald, dass Mamas Tod mein glückliches Naturell völlig verändert hatte. Ich, die doch so fröhlich und lebhaft war, voller Ideen und mitteilsam, wurde schüchtern und empfindlich über alle Maßen. *Ein Blick genügte, und ich zerfloss in Tränen.* Den Umgang mit fremden Leuten konnte ich nicht ertragen, nur im Familienkreis fühlte ich mich wohl. Papa war uns in seiner liebevollen, gütigen Art Vater und Mutter zugleich. Meine beiden Schwestern, Marie und Pauline, umgaben mich weiterhin mit viel Zärtlichkeit.

Der große Umzug nach Lisieux

Für unseren Vater war Mamas Tod ein Schock. Er war damals vierundfünfzig Jahre alt und wusste nicht, wie er geschäftliche und familiäre Pflichten verbinden sollte. Onkel Isidor und seine Frau spürten die Not unseres Vaters und schlugen ihm vor, nach Lisieux umzuziehen.

Papa hatte keinerlei Lust, nach der schmerzlichen Trennung von Mama auch noch seine Heimat Alençon zu verlassen. Hier war sein geliebter Pavillon, seine alte Mutter, die er nicht mitnehmen konnte,[1] und vor allem das Grab unserer Mutter. Für uns allerdings war die Vorstellung

---

1 Rose Taillé, Thereses Amme, nahm die alte Dame später bei sich auf und versorgte sie.

verlockend, in neuer Umgebung ein neues Leben zu beginnen und nicht auf Schritt und Tritt an die letzten Monate der Trauer erinnert zu werden. Schließlich beugte er sich den einsichtigen Gründen unserer Verwandten. Marie schrieb an die Guérins:

„Papa ist bereit, für seine Kinder alle Opfer zu bringen - sein Glück zu opfern und, wenn es nötig wäre, sein Leben für sie zu geben, um sie glücklich zu machen. Darum schreckt er vor nichts zurück und sieht seine Pflicht darin, eine Entscheidung zum Wohl für sie zu treffen."

Onkel Isidor, aktiv wie immer, machte sich gleich auf die Suche nach einem geeigneten Haus für uns. Schon vierzehn Tage nach Mamas Tod, am 10. September 1877, schickte er uns eine traumhafte Beschreibung des Hauses, das er unter fünfundzwanzig anderen ausgesucht hatte. Wir hielten Familienrat und entschieden uns für „Les Buissonnets"[1]. Am 16. September unterzeichnete unser Vater den Pachtvertrag. Nun hatten wir zwei Monate Zeit, den großen Umzug vorzubereiten. Man braucht nicht viel Phantasie, um sich vorzustellen, wieviel Arbeit das Ausräumen eines Hauses und die Verpackung des Hausrates kostete. Mir machte es Spaß, zwischen Kisten und Kartons herumzuspringen.

Am 15. November 1877 war es dann soweit. Nach einem letzten Gebet an Mamas Grab verließen wir unser geliebtes Heim in der Straße Saint-Blaise in Alençon und machten uns auf den Weg zum Bahnhof, um mit der Eisenbahn nach Lisieux zu fahren.

---

1 „Buissonnets" leitet sich ab von „buissor", auf deutsch „Gebüsch".

II. Kapitel
Der zweite Abschnitt meines Lebens

Unser neues Leben in „Les Buissonnets“

Über den Abschied von Alençon war ich überhaupt nicht traurig. Ich freute mich sogar auf die Abwechslung und war gespannt auf das Neue in Lisieux. Ich erinnere mich noch genau an die Reise von Alençon nach Lisieux und die Ankunft abends bei Onkel Isidor. Am Hauseingang erwarteten uns die Tante und meine Cousinen Johanna und Marie, die uns einen herzlichen Empfang bereiteten. Die erste Nacht verbrachten wir bei den Guérins am Platz Saint-Pierre.

Die Buissonnets

Gleich am nächsten Morgen begleiteten sie uns zu unserem neuen Heim „Les Buissonnets“, das mitten im

Grünen lag, abseits von der Stadt, ganz in der Nähe der schönen Promenade, die man „Garten des Sternes“ nannte.

Ich war entzückt von unserem Haus, besonders vom „Belvedere“, dem Aussichtszimmer, das uns einen herrlichen Blick in die weite Landschaft bot.[1] Wir konnten auch die ganze Stadt sehen, die Türme der Kathedrale und den Glockenturm von St. Jakobus, unserer Pfarrkirche. Vor unserem Haus befand sich ein im englischen Stil angelegter Garten, und ein anderer großer lag hinter dem einstöckigen Haus, ideal zum Spielen und Herumtoben. Das ganze Anwesen war umgeben von Mauern und hohen Bäumen, gleichsam ein Nest für unsere Familie.

Noch am gleichen Tag ging es munter ans Einrichten. Ebenerdig befanden sich die Küche und das Esszimmer, eine enge Treppe führte zu den Zimmern von Marie und Pauline, daneben lag das Zimmer von Papa. Das Zimmer von Léonie, Céline und mir hatte einen Ausgang zum Garten auf der Rückseite. Das schönste Zimmer im Gipfel, das „Belvedere“, wurde Papas Studierzimmer.

Lisieux hatte damals 18 600 Einwohner, die stolz darauf waren, dass ihre Stadt als erste Industriestadt des Kreises Calvados bezeichnet wurde. Es gab Fabriken für Leinwand, Zwirngewebe und Bettzeug, Gerbereien, Branntweinbrennereien und so weiter. Jeden Samstag konnte man die Erzeugnisse unseres normannischen Landes auf dem Markt kaufen. Mit seinen alten Straßen voller Fachwerkhäusern glich Lisieux einer mittelalterlichen Stadt.

---

1 Das „Belvedere“ war ein Dachzimmer mit breiten Fenstern auf der Vorderseite der Buissonnets.

An den Festtagen sorgte die Militärmusik in den Alleen des öffentlichen Parks nahe der Kathedrale für Stimmung.

Aber Lisieux spürte auch die Folgen des Krieges von 1870. Die einstmals blühende Textilindustrie war deutlich geschwächt. Die Menschen wurden immer unzufriedener über die wirtschaftliche Lage, und darum brachen Streiks aus.

Als Kind von viereinhalb Jahren berührten mich alle diese Ereignisse nicht. Meine Welt war noch eine ganz andere. Wenn sie auch nach dem Tod meiner geliebten Mutter ins Wanken geraten war, so erlebte ich doch viel Schönes, was mir über diesen Schmerz immer wieder hinweg half.

Meine älteren Geschwister gaben sich alle Mühe, mir eine glückliche Kindheit zu bereiten. Das begann schon am Morgen, wenn sie mich mit Liebkosungen weckten und mit mir beteten.

In Viktoria, unserem neuen Hausmädchen, fanden Marie und Pauline eine große Hilfe. Marie, von Mama schon früh darauf vorbereitet, übernahm den Haushalt und wurde von Pauline unterstützt, die sich auch mit der Erziehung von Céline und mir befasste. Léonie kam ins Pensionat der Benediktinnerinenabtei im Westen der Stadt; Céline wurde dort „Halbpensionärin".

Schon mit fünf Jahren lernte ich lesen und schreiben. Meine Patin Marie übernahm die Lesestunden. Das erste *Wort, das ich allein lesen konnte, war „Himmel"*. Pauline übte mit mir das Schreiben und die Grammatik, von der ich allerdings nicht so begeistert war. So manche Tränenbäche flossen auf mein Übungsheft, wenn es darum ging, „maskulin" und „feminin" zu unterscheiden. Ich lernte nicht gerade leicht, hatte aber ein gutes Gedächtnis. Meine Lieblingsfächer waren zweifellos Katechismus und biblische Geschichte, die machten mir wenigstens Spaß. Sobald mein Unterricht beendet war, stieg ich hinauf ins „Belvedere“, dem Arbeitszimmer meines Vaters, und zeigte Papa stolz die Noten, die ich von Pauline und Marie erhalten hatte. *Sie gaben mir auch Punkte für meinen Fleiß, und wenn ich eine gewisse Anzahl beisammen hatte, bekam ich eine Belohnung und einen lernfreien Tag.*

Jeden Nachmittag ging Papa mit mir spazieren. Er zeigte mir unter anderem die mehr oder weniger kunstvoll gestalteten Kirchen unserer Stadt. Besonders wichtig war ihm jedesmal der Besuch beim Heiligsten Sakrament. Eines Tages betraten wir zum erstenmal die Kapelle des Karmelitinnenklosters. Papa zeigte mir das Chorgitter und erklärte mir, dass dahinter fromme Klosterfrauen leben, die immerfort zum lieben Gott beten.

Nach dem Spaziergang machte ich gleich die Hausaufgaben, die mir meine beiden „Lehrerinnen“ aufgegeben hatten. Bis zum Abendessen sprang ich oft im Garten herum und dachte mir allerlei Beschäftigung aus. Mit Puppen zu spielen machte mir nicht so viel Spaß, vor allem dann nicht, wenn das Wetter mich in den Garten lockte. Gern spielte ich mit den Dingen, die ich in der Natur fand: Baumrinden, Körner, Tannenzapfen, Steine und so weiter. Oft bezog ich Papa in meine Spielereien ein. Geduldig ließ er sich hunderte Male von mir stören und wurde nie ungehalten, wenn ich ihm zum Beispiel beim Lesen unterbrach. Ich käme an kein Ende, sollte ich die tausend Begebenheiten erzählen, die mein Kinderherz glücklich machten.

Außergewöhnlich schön waren die Sommertage, an denen mein *„geliebter König"* mich zum Fischen mitnahm. Manchmal versuchte auch ich, mit meiner kleinen Angel Fische zu fangen. Am liebsten setzte ich mich aber in die Blumenwiese und vertiefte mich in meine Gedanken, lauschte den Vögeln und ließ mir den Wind um die Nase wehen. So ein Nachmittag verging viel zu rasch. Bevor wir uns auf den Heimweg machten, aß ich mein mitgebrachtes Butterbrot, das mir Pauline mit leuchtend roter Marmelade bestrichen hatte. Einmal machte ich eine für mich wichtige Entdeckung: Statt der frischen Marmeladenfarbe war nur noch eine verblasste, ins Brot eingesogene rote Schicht zu sehen. Ich erkannte, dass alles Schöne auf dieser Erde vergänglich ist und nur im Himmel eine wolkenlose, ewige Freude existiert.

Ein anderes Erlebnis hatte sich auch tief in mein Herz eingeprägt. Bei einem unserer Spaziergänge begegneten wir einem armen alten Mann, der sich mit seinen Krücken nur mühsam vorwärts schleppen konnte. Ich lief zu ihm hin und wollte ihm ein Geldstück schenken. Lange sah er mich traurig an, schüttelte dann schmerzlich lächelnd den Kopf und lehnte meine Gabe ab. Da wurde ich selbst unsagbar traurig. Ich wollte den Mann doch nur trösten und ihm eine Freude bereiten. Er erriet wohl meine Gedanken, drehte sich beim Weggehen noch einmal um und lächelte mir zu. In der Zwischenzeit hatte Papa mir ein Stück Kuchen gekauft. Wie gern wäre ich dem alten Mann nachgelaufen, um es ihm zu schenken. Damals verstand ich nicht den Ausspruch: „Manchmal ist eine Rose[1] wichtiger als ein Stück Brot ..."

---

1 Rose steht hier für Zuwendung, ein gutes Wort ...

Ich nahm mir vor, am Tag meiner ersten heiligen Kommunion für diesen armen Mann zu beten, denn ich hatte gehört, dass der liebe Gott die Bitten eines Kommunionkindes erhört. Fünf Jahre später löste ich mein Versprechen ein und war überzeugt, dass Gott diesem unglücklichen Menschen geholfen hat.

Die Sonn- und Feiertage liebte ich ganz besonders, weil sie den gleichmäßigen Rhythmus des Alltags unterbrachen; vor allem musste ich nicht lernen und keine Hausaufgaben machen. Nach dem Ausschlafen wurde mir das Frühstück mit Milchschokolade ans Bett gebracht. Marie hatte danach die unangenehme Aufgabe, mich anzukleiden und meine langen Haare zu frisieren, was nie ohne meine Schreierei „über die Bühne ging".

Den Gottesdienst besuchten wir an diesen Tagen nicht in unserer Pfarrkirche, sondern in der Kathedrale St. Peter, um dort unsere Angehörigen zu treffen. Einige Monate nach unserer Ankunft in Lisieux verstand ich in dieser Kirche zum erstenmal eine Predigt. Abbé Ducellier sprach damals über das Leiden Jesu; es berührte mein Kinderherz. Von da an verstand ich alle anderen Predigten. Wenn der Priester von der heiligen Teresa von Avila sprach, neigte sich Papa zu mir herab und sagte leise: „Hör gut zu, er spricht von deiner heiligen Namenspatronin." Ich hörte zwar aufmerksam zu, schaute aber mehr auf Papa als auf den Prediger, denn das schöne Antlitz meines „Königs" verriet mir, dass der Glaube etwas Wunderbares sein musste.

Für meine Familie war es eine willkommene Abwechslung, mit den Guérins an Sonn- und Feiertagen zu Mittag zu essen. Zusammen mit Marie oder Céline blieb ich öfter bis zum Abend bei den Verwandten. Wir spielten mit den Cousinen oder hörten den Geschichten von Onkel Isidor zu. Der Tag verging rasch. Ich freute mich, wenn Papa uns abends abholte. War der Himmel klar, betrachteten wir auf dem Heimweg die glitzernden Sterne. Ich war hellauf begeistert, als ich einmal eine Sternengruppe, den Gürtel des Orion, entdeckte, die wie der Buchstabe „T“ aussah. Voll Freude rief ich aus: *„Schau, Papa, mein Name steht am Himmel geschrieben.“*

Wenn dann wieder der Alltag begann, musste ich mich ans Lernen machen. Pauline nahm ihre Mutterrolle sehr ernst und ließ mir nichts durchgehen. Papa dagegen konnte ich „um den kleinen Finger wickeln”. Er schlug mir nie etwas ab. Ließen meine Aufmerksamkeit und Mitarbeit beim morgendlichen Unterricht zu wünschen übrig, strich Pauline mir den Nachmittagsspaziergang mit Papa. Er setzte sich dann bei Pauline für mich ein, und schließlich durfte ich doch mitgehen.

Pauline legte viel Wert auf eine gute Gewissensbildung, was bei meinem Naturell wirklich unbedingt nötig war. Mit meiner übergroßen Empfindlichkeit hatte ich meine Familie oft genervt. Um die Ausbrüche meines Eigensinnes zu bändigen, musste man schon ein pädagogischer Dompteur sein. Ich erinnere mich noch gut an einen Zornausbruch wegen Viktoria, unserem Dienstmädchen, die mich maßlos reizte, weil sie nicht „nach meiner Pfeife tanzte“. Es machte ihr offensichtlich Spaß, mich als kleinen „Teufel” zu entlarven. Darum legte sie es öfter darauf an, mich zu ärgern. Als ich sie einmal mit den Worten anschrie: „Viktoria, Sie sind ein kleiner Zwerg!”, fühlte sie sich in ihrer Ehre sehr gekränkt. Mit viel Geduld und Einfühlungsvermögen machte mir Pauline meine „Ecken und Kanten“ bewusst. Bei der abendlichen Gewissenserforschung half sie mir, dem lieben Gott meine Fehler zu sagen und ihn um Verzeihung zu bitten. Ich spürte auch immer wieder, dass mir meine Familie verzieh und mich dann liebevoll umarmte.

Mit etwa fünfeinhalb Jahren durfte ich schon das erste Mal das Bußsakrament empfangen - eine glückliche und zugleich köstliche Erinnerung für mich. Pauline hatte mich mit großer Sorgfalt darauf vorbereitet. Sie erklärte mir, nicht einem Menschen, sondern Gott würde ich meine Sünden bekennen. Ich war davon so überzeugt, dass ich allen Ernstes fragte, ob ich meinem Beichtvater nicht sagen müsse, wie sehr ich ihn liebe.

Ich wusste genau, was zu sagen und zu tun war, betrat den Beichtstuhl und kniete nieder. *Als der Priester sich mir zuwandte, sah er niemanden, weil ich so klein war, dass mein Kopf nur bis zum Rand des Beichtstuhlbrettes reichte, auf das man die Hände aufstützen konnte.* Er bat mich, doch aufrecht stehenzubleiben. Ich beichtete wie eine Große und empfing den Segen. Als ich den Beichtstuhl verließ, fühlte ich mich leicht wie eine Feder. Nie zuvor hatte ich soviel Freude in meiner Seele gespürt. Seither beichtete ich vor allen großen Festtagen, und es war jedesmal ein Fest für mich.

Bald nach meiner ersten Beichte sah ich zum erstenmal das Meer. Papa war mit mir am 8. August 1878 nach Trouville gefahren, das etwa dreißig Kilometer nördlich von Lisieux liegt, um dort meine Schwester Marie abzuholen. Onkel Isidor hatte sich in Trouville eine Ferienvilla gemietet. Abwechselnd lud er meine älteren Geschwister ein, unseren Cousinen dort Gesellschaft zu leisten.

Nie werde ich den Eindruck vergessen, den das Meer auf mich machte. Ich konnte mich nicht satt sehen an dem Spiel der Wellen. Sehr beeindruckend fand ich den Sonnenuntergang. Wie eine rote Feuerkugel berührte die Sonne den Meeresrand und warf eine Lichtbahn auf das Wasser. *Ich stellte mir vor, mein Herz, sei eine leichte Barke*[1] *mit weißen Segeln, die auf der leuchtenden Bahn des Lichts zur Sonne fährt. Ich fasste den Entschluss, Jesus immer vor Augen zu haben, um leicht und froh an das Ufer des ewigen Lebens zu gelangen.*

Ich möchte dieses Kapitel mit einer kleinen Begebenheit abschließen, die zwar bedeutungslos erscheint, für mich selbst aber die Grundhaltung meines weiteren Lebensweges verdeutlicht. Céline und ich spielten gerade mit unseren Puppen, als uns Léonie mit einem Korb voll Puppenkleidern, Stoffresten und bunten Bändern überraschte; denn sie fühlte sich schon zu erwachsen, um noch damit zu spielen. „Hier, meine Schwesterchen", sagte sie wohlwollend, „nehmt, was euch gefällt." Céline wählte sich einige Bändchen aus. Ich nahm kurz entschlossen den ganzen Korb, rannte damit weg und rief meinen völlig verblüfften Schwestern zu: ***„Ich wähle alles!"***

In der Schule bei den Benediktinerinnen

Die ersten drei Jahre in den Buissonnets lassen sich mit folgenden Worten zusammenfassen: „Eine glückliche Zeit, die viel zu schnell verging!"

---

1 Eine Barke ist ein kleines Boot.

Am 3. Oktober 1881 wurde ich mit achteinhalb Jahren in die Abteischule der Benediktinerinnen geschickt, die Léonie zur gleichen Zeit beendete. Ich wurde in die vierte, die „grüne Klasse“[1] eingeschult. Die insgesamt zirka achtzig Schülerinnen waren auf sechs Klassen verteilt mit den Gürtelfarben weiß, orange, rot, grün, blau und violett.

Den Schulweg von eineinhalb Kilometern legte ich mit Céline und meinen Cousinen Johanna und Marie zu Fuß zurück. Das Dienstmädchen der Guérins begleitete uns. Nach dem Unterricht blieben wir bis zum Abend im Halbpensionat, das heißt, wir bekamen zu essen, machten im Studiersaal unsere Hausaufgaben und durften auf dem Pausenhof spielen. Gegen 18 Uhr holte uns Papa oder Onkel Isidor dann ab.

Ich hatte oft gehört, dass die Pensionatszeit die schönste und angenehmste des Lebens sei. Diese Meinung konnte ich absolut nicht teilen. Die fünf Jahre, die ich bis März 1886 in der Abteischule verbrachte, waren die traurigsten meines Lebens. Wäre Céline nicht bei mir gewesen, hätte ich dort nicht einen Monat ausgehalten, ohne krank zu werden.

Durch die Unterrichtsstunden, die mir Marie und Pauline erteilt hatten, war ich meinen Klassenkameradinnen ein Stück voraus. Abgesehen von Mathematik und Rechtschreiben befand ich mich an der Spitze der Klasse, ohne es ehrgeizig angestrebt zu haben. Meine Mitschülerinnen waren deshalb eifersüchtig und ließen mich „links liegen“. Für kurze Zeit hatte ich eine Freundin im Pensionat, mit der ich mich ganz gut verstand. Doch bald merkte ich,

---

1 So benannt nach der Farbe des Gürtels der einheitlichen Schulkleidung. Jede Klasse hatte eine andere Gürtelfarbe.

dass sie sich lieber den anderen anschloss, um nicht als Außenseiterin zu gelten. Durch diese Erfahrung wurde mir klar, dass Eifersucht und Neid jede Freundschaft und Gemeinschaft zerstören. Einerseits fühlte ich mich dieser

Céline (links) und die achtjährige Therese 1881

Situation machtlos ausgeliefert, andererseits wollte ich mir keine faule Freundschaft erschleichen. Die wilden Spiele auf dem Schulhof machten mir keinen Spaß, ich liebte die Stille. Gern pflückte ich in den Pausen Blumen, begrub tote Vögel, erzählte denen, die mir zuhören wollten, Geschichten oder beschäftigte mich mit den Kindergartenkindern. Zur Klassengemeinschaft fand ich einfach keinen richtigen Zugang. Die meisten Schülerinnen hatten ganz andere Interessen als ich. Durch den Tod meiner Mutter, durch das Zusammenleben mit meinen älteren Geschwistern und durch die Gespräche mit Erwachsenen war ich geprägt und deshalb schon ein bisschen reifer als die Kinder meines Alters.

Welche Befreiung empfand ich, wenn wir am Abend zu den Buissonnets zurückkehrten! Hier lebte mein bedrücktes Herz wieder auf. Ich kletterte auf Papas Knie und berichtete von meinen Noten. Sein Kuss ließ alles Leid vergessen. An den schulfreien Tagen genoss ich es, im Garten zu spielen. Zusammen mit meiner Cousine Marie erfand ich ein neues Spiel: Leben als Einsiedler. Wir bauten kleine Altäre, beteten, übten das Schweigen und dachten über den lieben Gott nach. Eines Tages vertraute ich meiner Ersatzmama Pauline mein Geheimnis an: Gern wäre ich Einsiedlerin und wollte **mit ihr** in eine ferne Wüste ziehen. Mit einem liebevollen Lächeln antwortete sie: „Ich werde auf dich warten, bis du groß genug bist.“ Diese Aussage nahm ich wörtlich. Ich wusste ja noch nicht, dass es ganz anders kommen sollte.

Meine zweite Mutter verlässt mich

Im Laufe des Sommers 1882 erfuhr ich zufällig durch eine Unterhaltung in unserer Familie, dass Pauline, meine „zweite Mutter“, sich auf den Ordenseintritt in das Karmelitinnenkloster in Lisieux vorbereitete. Ich war bestürzt. Ein zweites Mal sollte ich nun Waisenkind werden. Sehr naiv hatte ich mir vorgestellt, dass Pauline auf mich warten würde, um gemeinsam mit mir in ein Kloster zu gehen. Aber Gottes Gedanken sind nicht unsere Gedanken, und seine Wege sind nicht unsere Wege. So hoch der Himmel über der Erde ist, so hoch erhaben sind seine Wege über unseren Wegen.[1] Es war, als hätte sich ein Schwert in mein Herz gebohrt. Ich wusste nicht, was der Karmel war, aber ich begriff, dass Pauline in ein Kloster eintreten wollte und mich dabei im Stich ließ. Wie ich später erfuhr, war Pauline selbst von ihrer Berufung in den Karmel überrascht worden. Es handelte sich um eine plötzliche Eingebung, die sie am 16. Februar 1882 erkannte, als sie vor der Statue „Unsere Liebe Frau vom Berge Karmel“ betete. Diese befand sich damals in unserer Pfarrkirche St. Jakobus, wo Abbé Delatroëtte drei Gebetstage hielt. Anlass war das dreihundertste Todesjahr der heiligen Teresa von Avila, der geistigen Mutter des Karmelordens.

Am gleichen Tag, an dem Pauline ihre Berufung entdeckte, bat sie Papa um seine Zustimmung, die sie unwiderruflich erhielt. Auch die Mutter Priorin des Karmelitinnenklosters stand der Entscheidung positiv gegenüber.

Wie soll ich die Angst beschreiben, die mir damals das Herz zusammenschnürte? Ich hatte den Eindruck, dass das

---

1 Vgl. Buch Jesaja 55.8-9.

Leben nur Leid und beständige Trennung bedeutet, und vergoss viele Tränen.

Pauline dagegen war überglücklich. Sie versuchte mich zu trösten, indem sie mir erklärte, wie das Leben im Karmel ist. Unter vielen Tränen hörte ich ihr aufmerksam zu. In meinem Herzen fühlte ich, dass der Karmel eine Wüste sein kann, in die der liebe Gott auch mich einmal rufen will ...

Während der letzten Wochen vor ihrem Eintritt überhäufte Pauline mich mit Küssen und Geschenken und stopfte mich voll mit Kuchen. Mit Schrecken dachte ich an den Abschiedstag, Montag, den 2. Oktober 1882, der trotz des strahlenden Sonnenscheins ein Tag voller Tränen war. Papa begleitete Pauline zum Karmel, der Rest der Familie und unsere Angehörigen Guérin nahmen an einem Gottesdienst teil. Wir weinten während der ganzen Messe. Die anwesenden Gläubigen wurden durch unsere Heulerei so in ihrer Andacht gestört, dass sie uns immer wieder mit ihren neugierigen Blicken musterten. Sie konnten ja nicht einmal ahnen, was unsere Herzen bewegte.

Das Unglück war für mich komplett, weil ich nach dem Gottesdienst zur Schule gehen musste. Gerade an diesem Tag begann ein neues Schuljahr. Da ich eine Klasse überspringen durfte, stieg ich in die dritte auf, wo wir auf die erste heilige Kommunion vorbereitet wurden. Der Religionsunterricht nahm gegenüber den anderen Fächern einen besonderen Platz ein. Außerdem wurde eine Lehrerin beauftragt, sich dreimal in der Woche zusätzlich um die Erstkommunikanten zu kümmern. Die Aussicht auf den Empfang der heiligen Kommunion erfüllte mich in meinem Leid mit tiefem Glück, das bald schon getrübt wurde. Eine

Bestimmung des Bischofs schloss mich von der weiteren Kommunionvorbereitung aus, weil ich zwei Tage zu spät geboren war. Onkel Isidor reiste unverzüglich nach Bayeux, wo der Sitz des Bischofs war, um eine Dispens[1] von ihm zu erbitten. Liebenswürdig, aber entschieden wurde sie ihm verweigert: „Leider können wir keine Ausnahme machen, auch nicht für die Nichte eines ehrenwerten Apothekers von Lisieux. Die Kinder müssen volle elf Jahre alt sein." Das war einfach zuviel für meine verwundete Seele - ich hätte ein Meer voller Tränen weinen können.

Die wöchentlichen Besuche bei Pauline waren die reinste Marter für mich. Sie durfte nur eine halbe Stunde ins Sprechzimmer kommen. Marie und meine Tante redeten wie ein Wasserfall, mir ließen sie am Ende der Sprechzeit höchstens zwei oder drei Minuten. Das bestärkte mich in der Meinung: „Pauline ist für mich verloren!" Dieser Schock rief den Tod unserer Mutter in mir wach, der bisher im Untergrund meiner Seele verdrängt war.

Eine so seltsame Krankheit

Seit Dezember 1882 fühlte ich mich krank und wusste nicht, warum. Kopfweh, Schmerzen in der Seite und am Herzen wurden meine ständigen Begleiter. Mein Gesicht war so mit Pickeln bedeckt, dass ich mich schämte, in den Spiegel zu schauen, denn ich empfand mich als hässlich. Mir fehlte auch der Appetit, und ich schlief schlecht. Nun übernahm meine Schwester Marie die Mutterrolle. Die Art und Weise, wie sie mit mir umging, reizte mich zum

---

1 Eine Dispens ist die Befreiung von einer Verpflichtung.

Widerspruch. Zwischen Céline und mir gab es jetzt öfter kleine Reibereien, und wir stritten um Nichtigkeiten. Ich konnte dann stachelig wie ein Kaktus sein.

Von all dem erfuhr meine geliebte Pauline im Karmel. Sie schickte mir viele kleine Zettel mit liebevollen Ermahnungen und guten Ratschlägen, die mir aber nicht halfen. Mutter Priorin Maria von Gonzaga hatte meine missliche Situation längst durchschaut und schrieb mir:

„Ich habe erfahren, dass meine kleine Tochter Therese nicht viel schläft und krank ist. Ich möchte meinem engelgleichen Kind raten, nicht den ganzen Tag an Pauline zu denken, das könnte ihr kleines Herz ermüden und ihrer Gesundheit schaden."

Gegen diesen Brief lehnte ich mich innerlich auf und sprach zu mir selbst: „Erstens bin ich nicht ihre kleine Tochter, zweitens schon gar keine engelgleiche, und drittens finde ich es gemein, dass sie meine Herzenswunde[1] bloßgelegt hat. Bestimmt hat sie das Pauline und den anderen Schwestern auch gesagt, worunter ich so sehr leide." Ich fühlte mich so ohnmächtig und ausgeliefert und konnte nichts dagegen tun.

Während sich Céline des Lebens erfreute und ein richtiger Wildfang geworden war, zog ich mich immer mehr in mich selbst zurück und wurde weinerlich bis zur Unerträglichkeit für meine Umgebung.

In den Osterferien 1883 hatte Papa beschlossen, die Karwoche mit Marie und Léonie in Paris zu verbringen. Céline und ich wurden zu unseren Verwandten gebracht.

---

1 Mit „Herzenswunde" ist der Verlust ihrer zweiten Mutter Pauline gemeint.

Täglich erlebte ich nun, wie glücklich meine Cousinen mit ihrer Mama waren. Ich sehnte mich so sehr danach, auch eine Mutter zu haben, und sprach meine Tante einfach mit „Mama“ an. Eine meiner Cousinen war damit absolut nicht einverstanden und schrie mich an: „Meine Mama ist nicht deine Mama. Du hast keine mehr!” Als dann Onkel Isidor am Ostersonntagabend das Gespräch auf seine allzu früh verstorbenen Schwester - meine Mutter - brachte, war es mit meiner Fassung endgültig vorbei. Ich begann, bitterlich zu weinen. Meine Tante und Céline brachten mich zu Bett. Plötzlich überfiel mich ein starkes Zittern, Frieren und eine ängstliche Unruhe. Der herbeigerufene Arzt stellte eine pessimistische Diagnose: „Sehr schwere Krankheit, von der kein Kind jemals befallen war.“ Er verordnete eine Kaltwasserkur[1].

Ein Telegramm rief Papa und meine beiden Schwestern zurück. Ich war so schwach, dass man mich nicht zu den Buissonnets transportieren konnte. Dem nervösen Zittern folgten Schreckenszustände und Halluzinationen[2]. Es war unmöglich, mich allein zu lassen. Meine arme Schwester Marie war jetzt gezwungen, zu meinem Onkel zu übersiedeln. Wie dankbar war ich ihr doch für die Pflege, die sie mir mit solcher Uneigennützigkeit zukommen ließ.

Die Krankheit wurde so schlimm, dass ich nach menschlichem Ermessen nicht mehr gesund werden sollte. Trotzdem wollte ich unbedingt am 6. April 1883, dem Einkleidungsfest von Pauline, dabeisein. Gegen alle Erwartungen konnte ich an diesem Tag das Krankenbett verlassen und mit meiner ganzen Familie zum Karmel gehen.

---

1 Statt „Kaltwasserkur“ würden wir heute sagen: Kneippanwendung zur Stärkung des Nervensystems.

2 Halluzinationen sind Wahnvorstellungen.

Nach der feierlichen Einkleidung, bei der Pauline den Ordensnamen „Schwester Agnes von Jesus" erhielt, trafen wir uns im äußeren Sprechzimmer. Ich durfte mich auf die Knie meiner „wiedergefundenen Mutter" setzen und war den ganzen Tag erfüllt von lebhafter Freude. Alle meinten zu träumen. Als wir nach diesem schönen Tag zu den Buissonnets heimkehrten, brachte man mich trotz meines Einwandes, vollkommen geheilt zu sein, zu Bett.

Schon am folgenden Tag litt ich unter einem schlimmen Rückfall. Ich sagte und tat Dinge, an die ich mich nicht mehr erinnern kann. Wie in einem Wahn stammelte ich Worte, die keinen Sinn hatten; und doch war ich mir ganz sicher, dass ich keinen Augenblick meiner Vernunft beraubt war. Ich schien in Ohnmacht zu liegen, und doch hörte ich alles, was um mich herum gesprochen wurde. Es war ein schrecklicher, trostloser Zustand. Unser Hausarzt und meine Familie fragten sich, ob ich ein Leben lang in diesem Zustand bleiben müsse.

Der Karmel betete mit meiner Familie für meine Heilung. Sie ließen eine Mess-Novene[1] in Notre-Dame-des-Victoires[2], dem Pariser Heiligtum, feiern, das unsere Familie sehr liebte. Das Vertrauen Papas und meiner Geschwister in Gottes Hilfe war so groß, dass sie ein Wunder erhofften.

Du kamst, um mir zuzulächeln

Sechs Wochen waren seit dem Osterfest, dem Ausbruch meiner Erkrankung, vergangen. Der Kalender zeigte mit

---

1 Eine Novene ist ein neuntägiges Gebet in einem besonderen Anliegen.
2 „Notre-Dame-des-Victoires" („Unsere Liebe Frau vom Sieg") ist eine Wallfahrtskirche.

roten Zahlen den 13. Mai 1883 an - die Kirche feierte das Pfingstfest. Während in Notre-Dame-des-Victoires für mich die Me-Novene gehalten wurde und Léonie an meinem Krankenbett saß, soll ich ohne Unterbrechung „Mama" gerufen haben. Marie hörte es bis in den Garten und eilte herbei. Später wurde mir erzählt, dass ich sie nicht erkannt hatte. Ihre Bemühungen, mich zu beruhigen, waren ohne Erfolg. Da knieten meine drei Schwestern Marie, Léonie und Céline am Fußende meines Bettes nieder, blickten auf die Marienstatue und flehten die Gottesmutter an, doch ihrer kleinen Schwester zu helfen. Da mir auf Erden niemand mehr helfen konnte, schaute auch ich auf meine himmlische Mutter und bat sie von ganzem Herzen, sich endlich meiner zu erbarmen ... Plötzlich erkannte ich im Betrachten der Muttergottes, dass ich nie Schöneres gesehen hatte. Ihr Antlitz war voll unaussprechlicher Güte und Zärtlichkeit, und ihr bezauberndes Lächeln drang mir bis in das Innerste der Seele. Da lösten sich alle meine Leiden wie Nebel in der aufgehenden Sonne; zwei dicke Tränen rollten über mein Gesicht - Tränen ungetrübter Freude. Ich wusste: „Maria hatte mir zugelächelt." - Wie glücklich war ich seit diesem Wunder, von dem niemand erfahren sollte.

Schon am folgenden Tag konnte ich wieder am Familienleben teilnehmen und Ende Mai Pauline im Karmel besuchen. In die Schule sollte ich erst wieder nach den großen Ferien gehen. Ich spürte, dass ich seelisch und körperlich noch sehr schwach war. Auch meine Angehörigen erholten sich nur langsam von den Folgen meiner dramatischen Krankheit; ich merkte, dass sie längere Zeit einen Rückfall befürchteten.

Das Zimmer, in dem Therese am 13. Mai 1883 geheilt wurde

Marie wollte unbedingt hinter das Geheimnis meiner plötzlichen Heilung kommen und fragte mich so lange aus, bis ich es ihr anvertraute. Sie hatte nichts Eiligeres zu tun, als es den Schwestern im Karmel preiszugeben, und alle sprachen daraufhin von einem Wunder. Im Sprechzimmer wurde ich als wunderbar Geheilte bestaunt und mit vielen Fragen bedrängt: „Wie sah die Heilige Jungfrau aus? Welche Farbe hatten ihre Kleider? War sie von Licht umgeben?" Alle diese Fragen verwirrten mich und machten mich traurig. Sie waren doch so unwichtig! Weil ich aber auf keine Frage eine Antwort wusste, wich meine Freude der Angst, vielleicht phantasiert oder gelogen zu haben. Fünf Jahre lang plagten mich Schuldgefühle, obwohl die Tatsache meiner Heilung nicht zu leugnen war und von meinen Angehörigen und dem Arzt bestätigt wurde.

Ich war noch weit davon entfernt, mein seelisches Gleichgewicht wiederzufinden. In den Sommerferien (vom

20. August bis 3. September 1883) erlebte ich soviel Freude, dass ich meinen Kummer vergessen konnte. Zum erstenmal seit unserem Umzug im Jahr 1877 kehrte ich zu den Stätten meiner Kindheit in Alençon zurück. Mit meiner Familie besuchte ich das Grab unserer Mutter. Papa stellte mich stolz seinen Freunden vor. In Semallé überraschten wir die Familie meiner Amme Rose Taillé. Alles, was ich in den Ferienwochen erlebte, erfüllte mich mit Glück und Freude - *ich wurde gefeiert, verwöhnt, bewundert.* Ich gestehe, dass mich das gesellschaftliche Leben reizte. Mit meinen erst zehn Lebensjahren ahnte ich, dass die Welt recht viel zu bieten hat.

Meine Erstkommunion und Firmung

Im Oktober 1883 kehrte ich in die Abteischule zurück und kam in die zweite Abteilung der violetten Klasse, die sich auf die Erstkommunion vorbereitete. Die Stunden des Kommunionunterrichtes waren für mich die schönsten Schulstunden. Pauline hatte ein kleines Buch mit Gebeten und vielen guten Ideen zusammengestellt, womit ich Jesus Freude bereiten konnte. Die Vorbereitungszeit prägte sich ganz besonders in meiner Erinnerung ein. Am Ende fasste ich drei Entschlüsse:

1. *„Ich werde mich nie entmutigen lassen."*
2. *„Ich werde jeden Tag zu Maria beten."*
3. *„Ich werde versuchen, meinen Stolz, abzulegen."*

Endlich kam der große Tag, auf den ich seit vier Jahren gewartet hatte, der 8. Mai 1884. In meinem Herzen war die Sehnsucht nach Liebe erwacht, und Jesus beeilte sich, mir den ersten „Kuss" zu geben. *Es war ein „Kuss" der Liebe*

– *ich fühlte mich geliebt und sagte zu Jesus:* ***„Ich liebe Dich und schenke mich Dir für immer!“*** Meine Verbundenheit mit Jesus glich einem Wassertropfen, der sich im weiten Meer verliert - ich, der Wassertropfen, verlor mich im weiten Meer der Liebe Jesu. Von Jesus brauchte ich keine Trennung, keinen Abschied zu fürchten - ER blieb mir für immer und ewig. Als beim Dankgebet ein Bach aus Freudentränen über mein Gesicht floss, glaubten die anderen Kommunionkinder, ich weine, weil meine Mutter gestorben war. Die Abwesenheit von Mama betrübte mich an meinern Erstkommuniontag überhaupt nicht. Mit Jesus war der Himmel, wo Mama schon lange ihren Platz hatte, in meinern Herzen. So erhielt ich mit dem Besuch von Jesus auch den meiner Mutter.

Am Nachmittag ging ich in Begleitung meiner ganzen Familie zum Karmel, um mich als Kommunionkind vorzustellen. Erst am Abend feierten wir daheim im Familienkreis. Dabei durfte ich die zahlreichen Geschenke auspacken. Zwei begeisterten mich besonders: die schöne Uhr von Papa und ein schickes Kleid aus cremefarbenem Wollstoff.

Fünf Wochen nach der Erstkommunion, am 14. Juni, wurde ich mit meiner Klasse von Bischof Hugonin, dem Bischof von Lisieux und Bayeux, gefirmt. Léonie wurde meine Patin. Wir hatten keine lange Firmvorbereitung, aber das Wesentliche verstand ich gut: **„Die Firmung ist das Sakrament der Liebe. Der HEILIGE GEIST schenkt uns die Kraft, zu lieben und zu leiden.“**

Keiner versteht mich!

Bevor ich nun einen großen Sprung in das Jahr 1885 mache, möchte ich noch erwähnen, dass am 26. Juni 1884 Tom in den Buissonnets angekommen war. Mit diesem schönen weißen Spaniel erfüllte mir Papa einen „heißen" Wunsch. Er war ein ausgezeichneter Wachhund und mein treuer Begleiter auf allen Spaziergängen. Tom war so anhänglich, dass er nicht mehr von meiner Seite wich.

Die Sommerferien 1884 waren herrlich! Mit meinen Geschwistern und Cousinen verbrachte ich sie auf einem Landgut in Saint-Quen-le-Pin, zehn Kilometer von Lisieux entfernt. Der dortige Bauernhof gehörte zum Besitz von Frau Fournet, der Mutter meiner Tante, und war ein Paradies für Kinder. Jeden Abend durfte ich beim Melken der Kühe dabeisein. Meine fürsorgliche Tante bestand darauf, dass ich täglich ein Glas der frisch gemolkenen, kuhwarmen Milch trank. Sie behauptete, das sei ein gutes Heilmittel für meinen Keuchhusten, der mich seit drei Monaten plagte. Im übrigen habe ich das Jahr 1884 in schöner Erinnerung.

In den Osterferien 1885 freute ich mich, das Meer wiederzusehen. Vom 3. bis 10. Mai verbrachten wir erlebnisreiche Tage in Deauville. Nach Lisieux zurückgekehrt, bereiteten wir uns in der Abteischule auf den Jahrestag unserer ersten heiligen Kommunion vor, der feierlich begangen wurde. Abbé Domin hielt uns drei Tage lang Vorträge. Er sprach in einer Weise über die Todsünde und über den Tod, dass von der erbarmenden und erlösenden Liebe Gottes nichts herauszuhören war. Statt Frohe

Botschaft Drohbotschaft[1], die uns damals soviel Ängste einflößte, dass ich von der schrecklichen Seelenkrankheit der Skrupel[2] befallen wurde. Hinter dem kleinsten Fehler, den ich machte, vermutete ich eine Todsünde. Nur Marie konnte ich mich anvertrauen, sie war in dieser qualvollen Zeit meine einzige, unentbehrliche Ratgeberin geworden, aber verstehen konnte sie mich letztlich auch nicht. Trotzdem hörte sie mit bewundernswerter Geduld zu, wenn ich von meinen Nöten erzählte, ohne auch nur einen Hauch von Überdruss zu zeigen. Rückblickend kann ich mir gut vorstellen, dass meine Seelenergüsse manchmal nervtötend waren. Ich drehte mich ja wie im Karussell immer um die eigene Achse.

Sonnenuntergang am Meer

---

1 Hier wird der Einfluss des Jansenismus, nach dem niederländischen Theologen Cornelius Jansen benannt, deutlich. Seine Vertreter verkündeten einen strengen, strafenden Gott. Der Jansenismus war eine romfeindliche katholisch-theologische Richtung in Frankreich.

2 Skrupel sind Gewissensbisse, übertriebene Bedenken bei den einfachsten Handlungen und Gedanken.

Die großen Ferien brachten zum Glück eine willkommene Ablenkung. Den ersten Teil verbrachten wir wieder in Saint-Quen-le-Pin, danach fuhren wir nach Trouville ans Meer, diesmal ohne unseren Vater. Mit Céline war ich bei unseren Verwandten, den Guérins, in der Villa Rose untergebracht. Wir freuten uns über die gemeinsame Zeit am Strand und über die abwechslungsreichen Vergnügungen, die uns die Tante bereitete. So gab es zum Beispiel Ausflüge auf einem Esel, Angeln und Einkaufen. Meine inneren Leiden verbarg ich gut. Unsere Tante stellte fest: „Therese ist offensichtlich glücklich. Niemals habe ich sie so fröhlich gesehen!"

Unser Vater befand sich unterdessen auf einer großen Reise durch Mitteleuropa bis zum Balkan. Die Hinfahrt führte ihn über München und Wien, die Rückfahrt über Athen, Neapel, Rom und Mailand. Mit Sehnsucht und Spannung erwarteten wir seine Heimkehr am Bahnhof, wo wir alle auf ihn warteten. An den Winterabenden, wenn im Kamin das Feuer knisterte, erzählte er uns von seinen Reiseerlebnissen. Ich liebte diese Abende.

Nach den erlebnisreichen Sommerferien 1885 musste ich am Montag, dem 5. Oktober, wieder in die Abteischule gehen, was mich dieses Mal besonders hart traf, weil ich von nun an allein gehen musste. Céline hatte ihre Schulzeit beendet, und meine Cousine Marie Guérin konnte wegen häufiger Erkrankung die Schule nicht mehr besuchen. In meiner Einsamkeit bemühte ich mich, Anschluss in der Klasse und Kontakt zu meiner Lehrerin zu finden. Weil mich aber niemand verstand und sich auch keiner um mich kümmerte, suchte ich Trost bei Jesus. Auf der Empore der Klosterkapelle wartete ich, bis Papa mich abholte.

Anfang März 1886 entschloss sich unser Vater, mich von der Abteischule abzumelden und mich von einer Privatlehrerin unterrichten zu lassen. Mehrmals in der Woche ging ich also zu Madame Papinon, die mit ihrer Mutter und einer Katze am Platz Saint-Pierre, in der Nähe der Guérins, wohnte. Meine Lehrerin war fünfzig Jahre alt, sehr gescheit und liebenswürdig, aber sie hatte ein wenig das Gehabe einer alten Jungfer. Wenn ich in ihrer Wohnung ankam, empfing mich gewöhnlich ihre Mutter. Mit ihren großen hellen Augen musterte sie mich von oben bis unten, dann rief sie mit ruhiger, aber gekünstelter Stimme: *„Frau Paaapinon, Fräääälein Thee... rese ist da! ...“ Ihre Tochter antwortete ihr sofort mit kindlicher Stimme: „Da bin ich, Mama!“* Und dann begann die Stunde. In dem antik möblierten Zimmer, das vollgestopft mit Büchern und Heften war, entdeckte ich eine Welt, die mit jener in der Abteischule nichts gemeinsam hatte. Häufig unterbrachen Besuche die Unterrichtsstunden. *Die Nase im Buch, hörte ich alles, was gesagt wurde,* auch das, was ich besser nicht gehört hätte. Bei den Klatschereien unter den Frauen wurde auch über mich gesprochen. Eine Dame meinte: „Wer ist dieses hübsche Mädchen!“, eine andere: „Was hat sie für schönes Haar!“ und so weiter. Diese schmeichelhaften Worte hörte ich sehr gern; sie liefen wie Öl in mir herunter, aber sie hinterließen in meiner Seele nichts als Eitelkeit und Stolz.

Da ich jetzt bezüglich meiner Zeiteinteilung viel freier war, richtete ich mir im zweiten Stock unseres Hauses ein Dachzimmer nach meinem Geschmack ein. Mit seinem großen, voll besetzten Vogelhaus, seinen Pflanzen, einem Aquarium mit Goldfischen, verschiedenen Heiligenstatuen, Schachteln, Körben, Puppen, Büchern ...

glich es einem Bazar. In diesem meinem Reich verbrachte ich viele Stunden, studierte, verschlang ganze Stapel Bücher, betete, meditierte ...

Abschied von meiner dritten Mutter

Für meine damals noch geschwächte Gesundheit war eine neue Trennung einfach zuviel. Wie ein Blitz vom Himmel traf unsere Familie im August 1886 die Mitteilung Maries, schon am 15. Oktober in den Karmel eintreten zu wollen. Mein Bazar-Zimmer verlor jeden Reiz für mich. Ich wollte mich jetzt keinen Augenblick mehr von meiner geliebten Schwester trennen, die mich schon bald verlassen würde. *Jedesmal, wenn ich an ihrem Zimmer vorbeiging, klopfte ich an* und wartete, bis sie herauskam. Dann umarmte ich sie und gab ihr unzählige Küsse, sozusagen als Vorrat für die Zeit nach unserer Trennung. Ich war nicht mehr Herrin meiner Gefühle und benahm mich trotz meiner dreizehneinhalb Jahre wie ein kleines Kind.

Papa verbarg seine Gefühle. Er hatte gehofft, dass sein „Diamant" ihn niemals verlassen würde. In der Familie Guérin staunte man nicht wenig über Maries Entschluss. Niemand hatte damit gerechnet, dass sich die unabhängige „Zigeunerin" (ein anderer Name, den Papa ihr gab) für das Kloster entscheiden würde.

Als Marie in den Karmel eintrat, war ich immer noch ein ängstliches Mädchen, das wegen jeder Kleinigkeit in Tränen ausbrach. Freunde unserer Familie beurteilten deswegen meinen Charakter als schwach. Die Guérins stimmten dieser Meinung zu. Man hielt mich für „ein kleines Dummerchen" - gut und sanft, mit einem gesunden Urteil, aber lebensuntüchtig.

Das Maß meines Unglücks war voll, als Léonie ohne jede Vorankündigung und ohne sich von uns zu verabschieden bei den Klarissinnen[1] „verschwand". Unsere Mutter hatte die Schwestern gut gekannt, und darum wollten Papa und Léonie nur einen Besuch bei ihnen machen. Im Augenblick der Begegnung fühlte Léonie sich zu diesem strengen Leben so stark hingezogen, dass sie gleich dort blieb. Niemals werde ich die Güte und Verlegenheit vergessen, mit der Papa uns mitteilte, dass Léonie bereits als Klarissin eingekleidet worden sei.

Ich hätte also Grund genug gehabt, den Karmel und alle Klöster zu hassen, da sie mir nacheinander die Stützen meines Lebens geraubt hatten. Und dennoch träumte ich davon, selbst einmal Karmelitin zu werden - nicht um Pauline und Marie wiederzufinden, sondern weil Jesus mich dorthin gerufen hatte. Ich hütete mich aber, mit irgendjemand darüber zu sprechen; man hätte mich für eine Wahnsinnige gehalten.

Die Geborgenheit der Buissonnets, die bisher für mein Leben so unentbehrlich gewesen war, ging langsam dahin. Unserem Vater blieben nur seine zwei Jüngsten: Céline, mit siebzehneinhalb Jahren zur Herrin des Hauses aufgerückt, und ich, sein Nesthäkchen.

Nach dem 15. Oktober 1886 erreichte ich den tiefsten Punkt meiner Niedergeschlagenheit. Ich hatte jede Freude und jeden Lebensmut verloren. Die Hausarbeiten überließ ich Céline, die mich zu allem antreiben musste, sogar um mein eigenes Bett zu machen. Ich war wie ein hilfloses Kind, das keinen eigenen Willen mehr hatte, sich an den anderen orientierte und sich hin und her schieben ließ.

---

1 Eine Schwesterngemeinschaft, die nach der Ordensstifterin Klara von Assisi benannt ist.

Ein entscheidendes Erlebnis

Der Abschied von Marie hatte mein seelisches Gleichgewicht aufs neue erschüttert. Ich dachte: „Das ganze Leben ist voller Leid und Traurigkeit." Mir machte nichts mehr Spaß, zu nichts hatte ich Lust. Am liebsten hätte ich mich irgendwohin verkrochen und nur noch geheult. *Meine übergroße Empfindlichkeit machte mich wirklich unausstehlich.* Wenn es vorkam, dass ich einen mir lieben Menschen ein bisschen kränkte, konnte ich mir diesen Fehler nicht verzeihen. *Statt mich zu überwinden und nicht zu weinen, ließ ich meinen Tränen freien Lauf.*

Wenn ich mich dann endlich beruhigt hatte, weinte ich darüber, geweint zu haben. Jemand sagte einmal zu mir: *„Du weinst als Kind so viel, dass du später keine Tränen mehr haben wirst!"* Diese Bemerkung kränkte mich sehr. Alle guten Ratschläge waren nutzlos, und selbst konnte ich mich von diesem hässlichen Fehler nicht befreien. Es war wirklich zum Verzweifeln. Ich konnte mich selbst nicht ausstehen.

Aber wie sollte ich herauskommen aus dem Teufelskreis von Empfindlichkeit, Weinen und Schuldgefühlen? Es wurde mir immer klarer: Wenn der liebe Gott mir nicht hilft, kann mir niemand helfen; er muss ein kleines Wunder wirken. Ich verkroch mich oft in mein Zimmer und betete, das heißt, ich erzählte Gott einfach alles, was mich bedrückte. Wem sonst sollte ich meine Not anvertrauen? Marie, mit der ich immer über alles sprechen konnte, war ja seit drei Monaten im Karmel.

Inzwischen stand Weihnachten vor der Tür. Mit Schrecken dachte ich an das erste Weihnachtsfest (1886) ohne Marie.

Am Heiligen Abend ging Papa mit uns drei Geschwistern Léonie (die inzwischen das Kloster wieder verlassen hatte), Céline und mir in die Kathedrale St. Peter zur Mitternachtsmesse, wo ich den starken und mächtigen Gott in der heiligen Kommunion empfangen durfte. Zu meiner Zeit war es nicht üblich, öfter zur heiligen Kommunion zu gehen.

Wir kamen von der Mitternachtsmesse heim. Als wir in den Buissonnets ankamen, freute ich mich darauf, aus dem Kamin meine Schuhe zu holen, die mit Geschenken gefüllt waren. *Dieser alte Brauch in Frankreich hatte uns in unserer Kindheit soviel Freude bereitet, dass Céline damit fortfahren wollte.* Es machte ihr Spaß, mich immer noch wie ein kleines Kind zu behandeln, da ich nun einmal die Jüngste in der Familie war. Ehrlich gesagt gefiel es mir, verwöhnt zu werden, andererseits wollte ich nicht das „große Baby" von Céline spielen.

Papa, der von der Mitternachtsmesse ermüdet war, wurde ärgerlich, als er meine Schuhe im Kamin stehen sah. Als ich die Treppe zu meinem Zimmer hinaufging, um Hut und Mantel abzulegen, hörte ich seine Worte: *„Nun, gottlob, ist es das letzte Jahr!"* Er meinte dann noch, dass ich ja kein kleines Kind mehr sei und langsam erwachsen werden müsse. Seine Worte durchbohrten mir das Herz.

Céline, die meine Empfindlichkeit kannte und schon Tränen in meinen Augen schimmern sah, hätte am liebsten auch geweint, denn sie liebte mich sehr und verstand meinen Kummer. „Ach, Therese", sagte sie, „geh' nicht hinunter, es wäre zu schmerzlich für dich, jetzt gleich in deine Schuhe zu schauen." Aber ich war nicht mehr die gleiche. Jesus hatte mein Herz in dem Augenblick umgewandelt, als ich ihn in der heiligen Kommunion empfing. Ich drängte meine Tränen zurück und eilte die Treppe hinunter. Mein Herzklopfen unterdrückend, nahm ich meine Schuhe, stellte sie vor Papa hin und zog fröhlich alle Gegenstände hervor, glücklich aussehend wie eine Königin. Papa lachte, auch er war wieder fröhlich, und Céline glaubte zu träumen! ... Alle waren wir glücklich, am meisten ich selbst. Es war ein wahres Wunder! Ich, die doch so empfindlich war, so leicht weinte, war mit einem Mal stark, selbstbewusst, von allem Kummer befreit.

In dieser lichtvollen Weihnachtsnacht begann mein dritter Lebensabschnitt, der schönste von allen ... In einem Augenblick hatte Jesus vollbracht, was mir in zehnjähriger Anstrengung nicht gelungen war. Ich fühlte die Liebe in mein Herz einziehen, um anderen Freude zu machen. Von da an war ich glücklich! Jesus verwandelte mich so, dass ich mich selbst nicht wiedererkannte. Ich kam mir vor wie neugeboren.

Am 2. Januar 1887 feierten wir meinen vierzehnten Geburtstag. Im Karmel besuchten wir meine Schwestern Pauline und Marie, die nicht wenig überrascht waren von meiner Verwandlung.

III. Kapitel
Der schönste Abschnitt meines Lebens

Ein Verbrecher bekehrt sich

Um meinen Eifer anzuspornen, zeigte mir Gott, dass es ihm gefällt, wenn ich mich selbst vergesse und an meine Mitmenschen denke.

Ich hörte damals von einem großen Verbrechen, bei dem zwei Frauen und ein Mädchen umgebracht wurden. Außerdem wurde gestohlener Schmuck aufgefunden. Die Polizei verhaftete einen verdächtigen Mann namens Henri Pranzini. Die gesamte französische und ausländische Presse berichtete einige Male über diesen Fall und erwähnte die schmutzigsten Einzelheiten. Pranzini wurde wegen des schrecklichen Verbrechens zum Tod verurteilt. Er zeigte keinerlei Reue und legte kein Geständnis ab. Auch weigerte er sich, mit dem Gefängnisseelsorger zu sprechen.

Alle waren empört über diesen Schuft, wie sie ihn nannten, ich aber wollte ihn um jeden Preis für den Himmel retten. Nein, er sollte nicht verlorengehen!

Es war mir selbstverständlich klar, dass ich ihm nicht sein Leben auf Erden retten konnte, darum sagte ich dem lieben Gott im Gebet immer wieder: „Bitte vergib Pranzini die schwere Sünde! Jesus ist doch für **alle** Sünder am Kreuz gestorben, auch für Pranzini. Lass ihn zu Dir in den Himmel kommen." Außerdem bat ich Céline, eine heilige Messe lesen zu lassen. Für wen, wagte ich nicht zu sagen; ich traute mich nicht, selbst darum zu bitten, aus Angst, ich müsse verraten, dass sie für den großen Verbrecher

Pranzini sei. Doch *Céline stellte mir so liebevolle und eindringliche Fragen, dass ich ihr mein Geheimnis anvertraute. Weit davon entfernt, sich über mich lustig zu machen, bat sie mich, mir bei der Bekehrung meines Sünders helfen zu dürfen. Ich nahm das natürlich dankbar an, denn ich hatte gewünscht, dass alle Menschen sich mit mir zusammentun, um für die Rettung Pranzinis zu beten.*

Im Grunde meines Herzens fühlte ich mit Gewissheit, dass Gott meinen Wunsch erfüllen werde. Um mir aber selbst Mut zu machen und nicht aufzuhören, für Pranzini zu beten, sagte ich dem lieben Gott, dass ich fest glaube, dass er Pranzini diese Mordtaten verzeihe, auch wenn dieser nicht beichte und kein Zeichen der Reue gebe. So groß war mein Vertrauen in die unendliche Liebe Jesu. Zu meinem Trost bat ich Gott, mir d o c h ein Zeichen seiner Reue zu geben ... Mein Gebet wurde wörtlich erhört!

Trotz des deutlichen Verbotes, das Papa ausgesprochen hatte, irgendeine Zeitung zu lesen, interessierten mich die Seiten, die von Pranzini handelten. Musste ich doch auf dem laufenden bleiben.

Am Tage nach seiner Hinrichtung fiel mir die Zeitung „La Croix" („Das Kreuz") in die Hand. Beim hastigen Durchlesen erfuhr ich, dass Pranzini nicht gebeichtet hatte. Er bestieg das Schafott und wollte eben seinen Kopf in das grausige Loch stecken, als er sich plötzlich umwendet, das Kreuz ergreift, das ihm der Priester hinhielt, und dreimal die Wunden Jesu küsst — dann wurde er geköpft. Seine Seele aber fand Gnade[1] bei Gott, denn Jesus hat auf Erden verkündet: „Im Himmel ist mehr Freude über einen einzi-

---

1 Gnade ist die Zuwendung des Heils, sind Heilsgeschenke Gottes.

Therese mit dreizehn Jahren (Februar 1886)

gen Sünder, der Buße tut, als über neunundneunzig Gerechte, die der Buße nicht bedürfen.“[1]

Ich hatte das erbetene Zeichen erhalten! Damit niemand

1 Lukasevangelium 15,7.

meine Freudentränen sah, versteckte ich mich. Dieses Ereignis bestärkte mich in meinem Entschluss, Menschenfischer zu werden, das heißt, ich wollte Seelen für den Himmel gewinnen. Der beste Platz dafür schien mir der Karmel zu sein. *Pranzini war mein erstes Kind, das ich für den Himmel geboren hatte.*

Ein traumhaft schönes Jahr (1887)

In kurzer Zeit hatte mich der liebe Gott aus dem engen Kreis meiner Ichbezogenheit herausgeführt. Wenn ich auf den Weg zurückschaue, den er mich geführt hat, ist meine Dankbarkeit sehr groß. Doch ich muss zugeben, wenn auch der erste Schritt getan war, blieben doch noch viele Dinge, die ich aufgeben musste.

Mit Begeisterung stürzte ich mich jetzt auf alles, was mir Spaß machte, vor allem malte und töpferte ich gern. Ich begnügte mich nicht mehr mit dem Unterricht und den Aufgaben, die mir meine Lehrerin gab, sondern suchte selbst danach, wie ich meinen unersättlichen Wissensdurst stillen konnte. In meinem Zimmer stapelte ich Bücher über Geschichte und Naturkunde. *Die übrigen Fächer ließen mich gleichgültig.* In wenigen Monaten erwarb ich mir mehr Kenntnisse als während meiner Schuljahre.

Ich träumte davon, eines Tages die Stadt zu verlassen, um auf dem Land zu leben, denn ich liebte die Natur über alles. In Gedanken sah ich mich in meinem kleinen, sonnigen Häuschen wohnen: „Aus allen Zimmern will ich aufs Meer hinausschauen. Eine Kuh, ein Esel, Schafe, Hühner und ein Vogelhaus sollen mir Gesellschaft leisten. Das kleine Haus soll nahe bei einer Kirche sein, damit ich jeden Morgen die heilige Messe mitfeiern kann. Auf meinem Esel will ich dann die Armen besuchen und ihnen Verpflegung und Medikamente bringen. Ja, ein Einsiedlerleben will ich führen, erfüllt von Gebet und Liebesdiensten in der schönen normannischen Landschaft.“[1]

Meine Gedanken und Träumereien teilte ich Céline mit; sie war meine neue Vertraute. Wir beide unternahmen nun vieles gemeinsam und wurden unzertrennlich. Wir liebten es, an warmem Sommerabenden beim Mondschein lange Gespräche zu führen. Wir träumten von einer herrlichen Zukunft.

Unsere Verwandten und Freunde bewunderten mich, sie fanden mich intelligent und hübsch. Die Gefahr, eingebildet, eitel und stolz zu werden, spürte ich sehr deutlich. Es war da auch die brennende Sehnsucht in mir, von jemandem ganz und gar geliebt zu werden, so wie ich bin. Ich fühlte, dass ich langsam eine Frau wurde.

Inzwischen hatte ich mir viel Wissen angeeignet, aber all die Bücher, die ich verschlungen hatte, ließen mein liebeshungriges Herz kalt. Eines Tages entdeckte ich bei Papa ein neues religiöses Buch und verzog mich damit in mein Zimmer. In allem, was ich las, erkannte ich die große Liebe Gottes zu jedem Menschen und was er im Himmel denen schenken will, die ihn auf Erden über alles lieben. Unaufhörlich wiederholte ich die Worte „Gott liebt mich! Gott liebt mich, wie ich bin!“. Da ist endlich jemand, von dem ich unverlierbar geliebt werde. Alle menschliche Zuneigung und Liebe kann man verlieren - das hatte ich ja schon dreimal schmerzlich erlebt -, ***GOTT LIEBT MICH IMMER - IMMER - OHNE ENDE!***

---

1 Siehe dazu die Skizze von Frankreich auf Seite 223.

Ich empfand ein unbeschreibliches Glücksgefühl, das über diese Erde hinausging. An diesem Tag entschloss ich mich, **Jesus leidenschaftlich zu lieben.** Noch mehr, ich wollte viele Menschen gewinnen, die Jesus genauso lieben, wie ich ihn lieben will.

Diese wichtigste Entdeckung meines Lebens vertraute ich Céline an. Um ungestört zu sein, trafen wir uns nun Abend für Abend im Belvedere und tauschten unsere Gedanken aus. Bald merkten wir eine große innere Übereinstimmung. Auch Céline war erfüllt von dem Verlangen, **Gott über a l l e s zu lieben.** Wir waren überzeugt, dass Jesus selbst das **Feuer der Liebe** in unseren Herzen entzündet hatte, und nun wollte er, dass es brenne. Jesus wollte, dass wir gemeinsam in der Liebe voranschreiten und seinen Spuren folgen.

In einem kleinen Buch, die „Nachfolge Christi", fand ich viele Hinweise für unser Vorhaben, Gott über alles zu lieben. Im ersten Kapitel über „Das innerliche Leben" las ich:

„Wenn du Christus hast, so bist du reich; er genügt dir. Er wird in allem dein Helfer sein und steht dir bis ans Ende treu zur Seite ... Setze dein ganzes Vertrauen auf Gott... Er wird für dich eintreten und alles so fügen, wie es für dich am besten ist... Du hast hier kein bleibendes Haus ... Im Himmel soll deine Wohnung sein, und alles auf Erden sollst du nur wie im Vorbeigehen ansehen. Alles vergeht einmal! Wer alles so erkennt, der ist wahrhaft klug!"

Viele Kapitel waren mir so hilfreich, dass ich sie auswendig lernte.

Die Richtung und das Ziel meines Lebens waren mir nun sonnenklar. In meinem Herzen fühlte ich eine mir bis dahin unbekannte Begeisterung. Nein, es war keine verrückte Idee, die mich antrieb, die Liebe zu Jesus in die Tat umzusetzen, es war mir ganz ernst damit.

Der große Kampf

Mein Entschluss, in den Karmel zu gehen, festigte sich immer mehr. Der göttliche Ruf war so drängend in mir, dass ich durchs Feuer gegangen wäre, um ans Ziel zu kommen.

Im Sprechzimmer des Karmel erzählte ich meinen beiden Schwestern Pauline und Marie von meinem Verlangen, auch in den Karmel eintreten zu wollen. Nur Pauline verstand mich. Marie fand mich viel zu jung, und sie tat alles mögliche, um meinen Eintritt zu verhindern.

Céline wollte ich von meinem Wunsch, schon mit fünfzehn Jahren in den Karmel einzutreten, nichts sagen, doch es fiel mir schwer, ihr etwas zu verheimlichen. Es dauerte nicht lange, da erfuhr meine Schwester von meinem Entschluss. Weit davon entfernt, mich davon abzuhalten, nahm sie mutig dieses Opfer an. Man muss wissen, dass wir beide „ein Herz und eine Seele“ geworden waren. Seit einigen Monaten war unser Leben so schön und angenehm, wovon junge Mädchen sonst nur träumen können. Papa ließ uns größte Freiheiten. Kurz gesagt, unser Leben war damals ein einziges Glück auf Erden. Doch kaum hatten wir Zeit, das Glück zu genießen, schien es bald schon zu Ende zu sein.

Der Gedanke, wie ich Papa mein Vorhaben beibringen

sollte, beschäftigte mich Tag und Nacht. Er hatte ja schon zwei seiner Töchter ins Kloster gehen lassen. An mir hing er ganz besonders, nun wollte auch ich ihn verlassen. Es kann sich wohl niemand vorstellen, wie viele innere Kämpfe ich durchgemacht habe, bevor ich den Mut hatte, mit Papa über mein Vorhaben zu sprechen. Für meine große Eröffnung wählte ich das Pfingstfest. Den ganzen Tag betete ich, damit mir die richtigen Worte einfielen, die ich sagen sollte ...

Erst am Nachmittag ergab sich eine gute Gelegenheit, mit Papa zu sprechen. Er hatte sich im Garten auf den Brunnenrand gesetzt, genoss die warmen Sonnenstrahlen, betrachtete die Wunder der Natur und erfreute sich am Vogelgezwitscher. *Ohne ein einziges Wort setzte ich mich neben ihn. Er sah meine Tränen in den Augen und schaute mich zärtlich an; dann nahm er meinen Kopf, drückte ihn an sein Herz und sagte: „Was hast du denn, meine kleine Königin ?... Vertrau' es mir an." Dann stand er auf, um seine eigene Ergriffenheit zu verbergen, und ging langsam mit mir auf und ab, wobei er immerzu meinen Kopf an sein Herz gedrückt hielt. Unter Tränen gestand ich ihm meine Sehnsucht, in den Karmel einzutreten. Da weinte auch er, aber er sagte kein Wort, um mich von meiner Berufung*[1] *abzubringen. Er wies mich nur daraufhin, dass ich noch viel zu jung sei, um einen so schwerwiegenden Entschluss zu fassen. Aber ich verteidigte meine Sache so gut, dass ich Papa schließlich davon überzeugen konnte, dass mein Wunsch auch Gottes Wunsch sei. In seinem tiefen Glauben rief Papa aus: „Gott erweist mir eine große Ehre, dass er meine Kinder ins Kloster ruft." Wir*

---

1 Berufung bedeutet hier: Gott „ruft" Menschen in einen besonderen Dienst in der Kirche, zum Beispiel in den Priester- oder Ordensberuf.

setzten unseren Spaziergang noch lange fort. Mir fiel ein Stein vom Herzen, weil Papa alles so gut aufgenommen hatte und mich wirklich verstand.

Papa ging zu einer Mauer und zeigte mir kleine weiße Blumen, die wie Lilien aussahen. Vorsichtig pflückte er sie und gab sie mir mit der Erklärung: „Schau, mit welcher Sorgfalt der liebe Gott sie wachsen ließ und bis zum heutigen Tag behütet hat.“ *Wie ich ihn so reden hörte, glaubte ich, meine eigene Geschichte zu hören, soviel Ähnlichkeit bestand zwischen dem, was Jesus für die kleine Blume*[1] *und für die kleine Therese getan hatte ... Als ich genauer hinsah, bemerkte ich, dass Papa beim Pflücken alle Wurzeln der kleinen Blume mit ausgehoben hatte, ohne sie zu verletzen; sie schien dazu bestimmt, in einem anderen, fruchtbareren Boden weiterzuleben.* Ganz dieselbe Tat hatte Papa soeben für mich vollbracht, als er mir die Erlaubnis gab, in den Karmel einzutreten und dort weiterzuwachsen und zu blühen.

Nachdem ich Papas Einwilligung erhalten hatte, war ich der festen Überzeugung, sofort in den Karmel eintreten zu können. Da hatte ich mich aber gründlich getäuscht.

Mein Onkel der nach dem Tod von Mama mitverantwortlich war für unsere Erziehung, sprach ein entschiedenes „Nein“. Er verbot mir sogar, mit ihm nochmals über den Karmel zu reden, bevor ich nicht siebzehn Jahre alt sei. Es sei völlig unvernünftig, ein fünfzehnjähriges Kind in den Karmel eintreten zu lassen. Außerdem würden alle darüber reden und den Kopf schütteln ... Er sagte sogar, es

---

1 In Indien nennt sich eine Ordensgemeinschaft, die sich Therese zum Vorbild genommen hat, „Little Flower“ („Kleine Blume“).

müsse ein Wunder geschehen, wenn man ihn vom Gegenteil überzeugen wolle. Ich sah, dass alle meine Einwände nutzlos waren, darum ging ich still weg. Mein Herz war in einem Ozean von Traurigkeit und Bitterkeit untergetaucht. *Mein einziger Trost war das Gebet; ich flehte Jesus an, er möge das von Onkel Isidor verlangte Wunder wirken.*

Es vergingen etwa vierzehn Tage, die mir wie eine Ewigkeit vorkamen - eine schreckliche Zeit. In mir war alles schwarz wie die Nacht, ich fühlte mich einsam und verlassen, auch von Gott. Die Natur schien an meiner bitteren Traurigkeit teilzunehmen, denn drei Tage lang ließ sich die Sonne nicht blicken und es regnete stark.

Endlich, am vierten Tag, besuchte ich meinen Onkel. Zu meiner großen Überraschung war er wie umgewandelt. Ganz liebevoll sagte er mir, er habe im Gebet erkannt, *ich sei eine kleine Blume, die der liebe Gott pflücken wolle, und er würde sich nicht mehr dagegen stellen.* Überglücklich machte ich mich auf den Heimweg nach den Buissonnets. Die Wolken am Himmel waren verschwunden, auch in meinem Herzen war es nicht mehr dunkel. Jesus hatte mir die Freude wiedergegeben, und ich glaubte, dass ich meinem Ziel nun ganz nahe war.

Wenige Tage, nachdem ich die Zustimmung meines Onkels erhalten hatte, besuchte ich Pauline im Karmel, um ihr freudestrahlend zu erzählen, dass nun alle Hindernisse beseitigt seien. Wie ein Donnerschlag traf mich die Nachricht des Herrn Superiors[1], die Pauline mir mitteilen musste, dass er vor meinem einundzwanzigsten Lebensjahr mit

---

1 Der Superior ist der geistliche Vorgesetzte eines Klosters.

dem Klostereintritt nicht einverstanden sei. Auch ein persönliches Gespräch mit ihm, bei dem ich alle meine Überredungskünste anwandte, stimmte ihn nicht um. *Ich verließ das Pfarrhaus ganz aufgelöst in Tränen. Glücklicherweise konnte ich mich hinter dem Schirm verstecken, denn es regnete wieder einmal in Strömen.* Um mich zu trösten, versprach mir Papa, mich nach Bayeux zum Bischof zu bringen. *Ja, ich war entschlossen, mein Ziel zu erreichen, ich sagte sogar: „Ich fahre bis zum Heiligen Vater nach Rom, wenn der Bischof mir den Eintritt in den Karmel mit fünfzehn Jahren nicht erlaubt.* "

Papas Entschluss, mit mir nach Bayeux zu fahren, stand fest. Bis dahin ereignete sich noch vieles. Äußerlich schien mein Leben unverändert. Ich lernte, nahm mit Céline Malunterricht, und meine Lehrerin fand mich recht begabt. Vor allem aber wuchs ich in der Liebe zu Gott und den Mitmenschen.

Vor unserer Reise nach Bayeux schenkte mir der liebe Gott noch eine besondere Freude. Als Nesthäkchen hatte ich nie das Glück gehabt, kleinere Geschwister zu erleben, ein trauriger Umstand verhalf mir dazu: Eine arme Verwandte unseres Dienstmädchens starb und ließ drei ganz kleine Kinder zurück. *Während ihrer Krankheit nahmen wir zwei Mädchen zu uns ins Haus. Ich spielte fast den ganzen Tag mit ihnen; und es war eine große Freude für mich zu sehen, mit welcher Treuherzigkeit sie alles glaubten, was ich ihnen erzählte.* Das älteste Mädchen stellte mir tausend Fragen über das Jesuskind und den Himmel. Um Jesus Freude zu machen, versprach es mir mit Begeisterung, mit seinem Schwesterchen nicht mehr zu streiten. Es fügte noch hinzu: *„Niemals im Leben werde ich ver-*

Therese mit fünfzehn Jahren (April 1888)

gessen, was mir das große Fräulein - so nannte es mich - gesagt hat."

Endlich war der 31. Oktober (1887) gekommen, der für meine Reise zum Bischof nach Bayeux bestimmt worden war. Ich zog mein schönstes Kleid an und steckte meine langen Haare zu einem Knoten zusammen, um älter auszusehen. Mit gemischten Gefühlen machte ich mich mit Papa auf den Weg. Zum erstenmal in meinem Leben sollte ich einen Besuch machen, ohne Begleitung meiner Schwestern, und dazu noch bei einem Bischof. Bis zu diesem Zeitpunkt war ich es nur gewöhnt, über wichtige Dinge mit meiner Familie zu sprechen, und nun sollte ich selber den Zweck meines Besuches erklären, die Gründe darlegen, warum ich schon mit fünfzehn Jahren in den Karmel eintreten wollte. Ach, wie schwer ist mir diese Reise geworden! In der Tat, nur Jesus konnte mir helfen - nur die Liebe zu ihm mir den Mut und die Kraft geben, den Bischof von meiner Berufung zu überzeugen.

Es regnete in Strömen, als wir in Bayeux ankamen. Papa wollte nicht, dass ich in meinem schönen Kleid nass wurde, darum fuhren wir mit dem Omnibus zur Kathedrale[1]*. Hier begann mein Elend.*

Der Bischof und viele Priester nahmen an einer Totenmesse teil. Die Kirche war voll von schwarzgekleideten Frauen, *und alle sahen auf mein helles Kleid und meinen weißen Hut.* Papa störte das alles nicht, er erlaubte sich sogar, mit mir bis nach vorn in den Altarraum der Kathedrale zu gehen. Am liebsten hätte ich die Kirche fluchtartig verlassen, aber wegen des starken Regens war das aussichtslos. Also machte ich „gute Miene zum bösen Spiel" und verhalf den Einwohnern von Bayeux, deren Bekanntschaft ich lieber nie gemacht hätte, zu dieser Abwechslung im lange dauernden Totengottesdienst.

---

1 Eine Kathedrale ist die Bischofskirche, in Deutschland meist Dom genannt.

Zu guter Letzt konnte ich in einer Kapelle hinter dem Hochaltar aufatmen. Es war ein willkommenes Versteck, in dem ich lange blieb und aus tiefem Herzen für das bevorstehende Gespräch mit dem Bischof betete. Als der Regen endlich nachließ, war die Kathedrale menschenleer geworden, und so ließ mich Papa die vollendete Schönheit des Bauwerkes bewundern, bevor wir dann geradewegs zu Abbé Révérony[1] gingen. Der war aber leider nicht da, obwohl er von unserem Kommen wusste; er hatte ja selbst den Reisetag festgesetzt. So gingen wir in Bayeux spazieren, bis wir schließlich wieder in die Nähe des bischöflichen Palais[2] kamen. Papa ging mit mir in ein schönes Gasthaus. Ich allerdings hatte auf absolut nichts Appetit. *Ich solle mir bloß keine Sorgen machen, meinte Papa ganz liebevoll, ganz sicher würde der Bischof meine Bitte erfüllen.*

Wir starteten zum zweiten Versuch und hatten Glück. Als wir im Hof des bischöflichen Palais ankamen, öffnete der Himmel alle Schleusen, es goss schon wieder in Strömen. Der Herr Generalvikar Révérony empfing uns äußerst liebenswürdig, aber er war doch sehr erstaunt über den Zweck unseres Besuches. *Nachdem er mich lächelnd von oben bis unten betrachtet hatte, stellte er mir einige Fragen, und als er Tränen in meinen Augen sah, sagte er: „Oh, ich sehe ja Diamanten!* Die brauchen sie dem Hochwürdigsten Herrn aber nicht zu zeigen!“ Wie peinlich war mir das, am liebsten wäre ich im Erdboden versunken. Schließlich bat uns der Generalvikar, ihm zu folgen. Auf unserem Weg zum Bischof gingen wir durch große Empfangssäle, an deren Wänden riesige Bilder von früheren

---

1 Abbé Révérony war der Generalvikar (= Vertreter) des Bischofs.
2 Palais (= Palast) ist die Bezeichnung für einen prachtvollen herrschaftlichen Wohnsitz.

Bischöfen hingen. Ich kam mir vor wie eine winzige Ameise.

Plötzlich sahen wir den Bischof, der, mit zwei Priestern im Gespräch vertieft, in einer Galerie auf und ab ging. Während der Herr Generalvikar einige Worte mit dem Bischof wechselte, warteten wir in seinem Arbeitszimmer. Hier standen drei riesige Lehnsessel vor dem Kamin, in dem ein helles Feuer flackerte. Als der Bischof eintrat, knieten Papa und ich uns nieder, um den Segen zu empfangen. Dann bat er uns, Platz zu nehmen. Abbé Révérony, der ebenfalls an dem Gespräch teilnahm, wies mir den Sessel in der Mitte zu. Ich lehnte höflich ab, doch er bestand darauf und sagte, ich solle beweisen, dass ich gehorchen könne, und er setzte sich dann neben mich. Zu meiner Beschämung sah ich, wie der Hochwürdigste Herr sich selber einen Stuhl nahm, während ich in dem Sessel versank, worin von meinesgleichen gemütlich vier Platz gehabt hätten.

Ich hoffte, Papa werde nun sprechen, statt dessen forderte er mich auf, selbst dem Bischof mein Anliegen vorzubringen. Mit möglichst großer Überredungskunst versuchte ich ihn davon zu überzeugen, warum ich schon mit fünfzehn Jahren in den Karmel eintreten wolle. Der Bischof schien von meinen Gründen nicht sonderlich beeindruckt zu sein. Er fragte, ob ich schon lange wünschte, in den Karmel einzutreten. *„O ja, Hochwürdigster Herr, schon sehr lange!“* Lachend mischte sich der Generalvikar ein und sagte: „Das kann doch wohl noch keine fünfzehn Jahre her sein!“ - „Das stimmt zwar“, erwiderte ich ebenfalls lächelnd, „aber ich brauche nicht viele Jahre abzuziehen, denn bereits seit meinem dritten Lebensjahr hatte ich das Verlangen, mich Gott ganz zu schenken“

Der Bischof war der Meinung, er tue Papa einen Gefallen, als er sagte: „Bleib ruhig noch eine Zeitlang bei deinem Vater zu Hause.“ Er war daher sehr erstaunt und beeindruckt, als Papa für mich Partei ergriff und nun selbst den Bischof bat, mich doch mit fünfzehn Jahren in den Karmel eintreten zu lassen. In seiner gütigen Art fügte er noch hinzu, dass wir an der Pilgerreise nach Rom teilnehmen würden, um dort dem Heiligen Vater mein Anliegen vorzutragen, falls ich die erbetene Erlaubnis vorher nicht erhielte. Alle Worte schienen vergeblich, der Bischof sagte, ehe er sich entscheide, sei ein Gespräch mit dem Superior des Klosters unerlässlich. Etwas Traurigeres hätte er mir nicht sagen können, denn dieser hatte mir ja bereits eine Absage erteilt. Alles schien aus zu sein! Ungeachtet der Ermahnung des Generalvikars Révérony schenkte ich dem Bischof nun doch jede Menge meiner Diamanten. Der Hochwürdigste Herr war gerührt, er zog meinen Kopf an seine Schulter und versuchte mich mit folgenden Worten zu trösten: „Es ist noch nicht alles verloren, ich bin sehr damit einverstanden, dass du mit deinem Vater eine Romreise machst, deine Berufung wird dadurch nur noch fester. Statt zu weinen, solltest du dich freuen“. Weiter sagte er noch, er werde in der nächsten Woche nach Lisieux fahren, um dort mit dem Pfarrer der Kirche von St. Jakobus über mich zu sprechen. Ich würde seine Antwort bestimmt in Italien erhalten. Es war mir klar, dass es vergeblich war, weitere Bitten an den Bischof zu richten. Außerdem fielen mir auch keine Argumente mehr ein, alle Quellen meiner Redekunst waren erschöpft.

Der Bischof begleitete uns bis zum Garten. Er amüsierte sich köstlich, als Papa ihm erzählte, ich hätte mir die Haare hochgesteckt, um älter auszusehen. Mir wäre es lieber gewesen, wenn mein Geheimnis nicht verraten worden wäre, denn immer, wenn der Bischof später von mir sprach, erzählte er diese Geschichte.

Der Generalvikar führte uns bis zum Ausgang. Als wir auf der Straße waren, begannen meine Tränen wie Bäche zu fließen. *Meine Zukunft schien mir für immer vernichtet. Meine Seele war in Bitterkeit getaucht, aber trotzdem war auch Frieden in meinem Herzen, weil ich nur den Willen Gottes erfüllen wollte.* Sobald wir in Lisieux ankamen, besuchte ich meine Schwestern im Karmel und erzählte ihnen ausführlich über den - wie mir schien - missglückten Besuch beim Bischof. Pauline und Marie trösteten mich mit lieben Worten.

Oh, was war das für ein Reise!

Drei Tage nach meiner Rückkehr aus Bayeux traten wir eine viel längere Reise an: zur **Ewigen Stadt Rom.** Das erste Treffen der Pilger war für Sonntag, den 6. November, in Paris auf dem Montmartre[1] um 9 Uhr in der Krypta der Basilika Sacre Coeur[2] festgesetzt. Da wir aber Paris besichtigen wollten, brachen wir schon zwei Tage früher auf.

Am 4. November (1887) um drei Uhr morgens durchquerten Papa, Céline und ich das noch schlafende Lisieux. Wie soll ich beschreiben, was ich fühlte? Ich ging Unbekanntem entgegen und ahnte, dass Großes auf mich

---

1 Der Montmartre ist der Berg der Märtyrer, heute ein Stadtteil von Paris.
2 Die Basilika Sacre Coeur ist eine Sühne- und Pilgerkirche (Sacre Coeur = Heiligstes Herz).

wartete ... Papa war gut aufgelegt. Als der Zug losfuhr, sang er einen alten Kehrvers fröhlich vor sich hin: *„Rolle, rolle, meine Kutsche, wir sind auf großer Fahrt.“*

Im Laufe des Vormittags kamen wir in Paris an und begannen gleich mit der Besichtigung. Papa vergaß seine Müdigkeit und zeigte uns zwei Tage lang alle *Wunderwerke* dieser Stadt: Das Marionettentheater auf dem Champs-Elysées[1], die Tuilerie-Gärten[2], den Triumphbogen am Etoile[3], die Bastille[4], das Palais Royal[5] das Louvre-Museum[6], den Invalidendom[7] und so weiter.

All die schönen Dinge, die ich in Paris sah, waren zwar großartig und bewundernswert, aber für mich war letztlich nur eines wichtig: „Notre-Dame-des-Victoires.“ Unsere ganze Familie liebte dieses Heiligtum, besonders seit dem 13. Mai 1883, dem Tag, an dem ich durch das Lächeln der Gottesmutter geheilt worden war. Allerdings quälten mich vier Jahre lang Zweifel, ob ich mir das Lächeln nicht nur eingebildet hatte. Mit niemandem sprach ich über dieses geheime Leiden. Während der heiligen Messe am Samstag, den 5. November, in unserem geliebten Heiligtum wurde ich von meinen Zweifeln völlig befreit. Maria schenkte mir in meinem Herzen die Gewissheit, dass wirklich sie es war, die mir zugelächelt und mich geheilt hatte.

---

1 Der Champs-Elysées ist eine Prachtstraße mitten durch Paris.
2 Die Tuilerie-Gärten bilden eine wunderschöne Gartenanlage im Herzen von Paris.
3 Von hier aus laufen die Straßen sternförmig weg (etoile = Stern). Heute heißt der Ort „Place Charles de Gaulle“.
4 Die Bastille war das Staatsgefängnis zur Zeit Ludwigs XIII.
5 Der Palais Royal war der Königspalast zur Zeit Ludwigs XIII.
6 Der Louvre ist das größtes Museum der Welt.
7 Der Invalidendom ist die Königs- und Soldatenkirche in Paris mit dem Grabmal Napoleons.

Ich erkannte, dass sie mich als ihr Kind angenommen hatte, und so sprach ich sie nur noch mit „Mama“ an, denn das klingt zärtlicher als „Mutter“.

Eine so lange und weite Reise bringt allerlei Verlockungen und Gefahren für meine Berufung zum Ordensleben mit sich, dachte ich mir, besonders da ich das Böse nicht kannte und fürchtete, es zu entdecken. Darum flehte ich Maria an, alles Böse von mir fernzuhalten und mein Herz rein zu bewahren.

Am nächsten Tag, es war Sonntag, versammelten sich die Pilger auf dem Montmartre zur Einteilung in Gruppen und zur ersten gemeinsamen Messe in der Basilika, die dem Heiligsten Herzen Jesu geweiht ist. Hoch über dem Altar konnte man eine Herz-Jesu-Darstellung in Mosaikarbeit bestaunen. Sie war wirklich einmalig schön und beeindruckend und zog Pilger und Touristen aus der ganzen Welt an.

Nachdem wir uns dem Heiligsten Herzen Jesu geweiht hatten, blieben wir noch bis zum nächsten Morgen in Paris. Pünktlich um 6.35 Uhr verließen wir mit einem Sonderzug den Gare de l’Est[1] und fuhren Richtung Rom. Hundertsiebenundneunzig französische Pilger, darunter fünfundsiebzig Priester, nahmen an der Wallfahrt teil. Anlass war das goldene Priesterjubiläum von Papst Leo XIII. Diese Pilgerfahrt sollte auch noch eine Solidaritätsbekundung der monarchietreuen[2] französischen Katholiken mit Rom sein., wie ich im Laufe der Reise erfuhr. Ich dagegen hatte nur ein Ziel: Für meine Berufung einzutreten, das

1 Der Gare de l‘Est ist, wie der Name sagt, der Ostbahnhof von Paris.
2 Die Monarchie ist die Staatsform, bei der der König Herrscher des Volkes ist.

heißt, mit dem Papst über meinen frühen Klostereintritt zu sprechen. Daheim in Lisieux, so erfuhren wir später, verbreitete sich wie ein Lauffeuer die Meinung, Papa habe mich mit auf diese Fahrt genommen, damit ich meine Klostergedanken vergesse. Es war genau das Gegenteil: Papa unterstützte mein Vorhaben, und ich war bereit, wie ein Löwe dafür zu kämpfen.

Jede Pilgergruppe hatte ihr eigenes Abteil erhalten, das jeweils nach dem Namen eines Heiligen benannt war. Und siehe da: Im Beisein aller Pilger wurde vorgelesen, dass unser Abteil „Sankt Martin"[1] hieß. *Papa war sehr gerührt und dankte sofort dem Leiter des Pilgerzuges, Generalvikar Legoux von der Diözese Coutance*[2]. *Von da an nannten manche Pilger Papa nur noch „Herrn Sankt Martin"*.

Dass die Pilgerreise nicht gerade billig war, sah man an der großen Anzahl adeliger Teilnehmer. Papa hatte sicher lange für diese Reise gespart.

Céline und ich waren die Jüngsten und ziemlich lebhaft. Schnell hatten wir die Sympathien der Mitreisenden gewonnen. *Papa war stolz auf uns, und wir auf ihn, denn es gab im ganzen Pilgerzug keinen schöneren und würdigeren Herrn als meinen geliebten König*[3]. Wir ließen uns nicht blenden von all den vornehmen Adelstiteln „von und zu ...", mit denen sich vor allem die Damen hofieren ließen. Von weitem betrachtet sah zuerst alles glanzvoll aus, von nahem aber erkannte ich, dass „nicht alles Gold

---

1 „Martin" lautet ja der Familienname Thereses.
2 Siehe dazu die Skizze von Frankreich auf Seite 223.
3 „Mein geliebter König": Das war der Kosename Thereses für ihren Vater (siehe auch Seite 38 f.).

ist, was glänzt", und ich begriff, dass Kleider und Titel die Menschen zwar groß erscheinen lassen, aber dass der Mensch seine wahre Größe, das heißt seinen Wert und seine Würde, allein von Gott hat und dabei sogar bettelarm sein kann. Ja, gerade die Armen haben oft ein liebevolles und gütiges Herz. Im Himmel, so dachte ich, wird es solche Adelstitel nicht mehr geben. Dann wird jeder von Gott das Lob erhalten, das ihm zusteht, und wer auf Erden aus Liebe zu Jesus der Ärmste, der Vergessenste war, wird bei ihm der Erste, der Edelste und der Reichste sein! - Wie wertvoll war für mich diese Reiseerfahrung!

Zu meinem Schrecken war auch Generalvikar Révérony von Bayeux unter den Pilgern. Er hatte sich wohl zum Ziel gesetzt, all mein Tun und Lassen sorgfältig unter die Lupe zu nehmen. Ich sah, wie er mich beobachtete. Auch wenn ich nicht in seiner Nähe war, fand er Mittel und Wege, sich - wie er meinte - unauffällig vorzubeugen, um mich zu sehen und zu hören. Sicher wollte er mich kennenlernen, um meine Eignung als Karmelitin zu prüfen.

Bevor wir die „Ewige Stadt" erreichten, sahen wir noch viele Naturschönheiten. Auf der Zugfahrt durch die Schweiz konnte ich mich nicht satt sehen an den hohen Bergen, deren schneebedeckte Gipfel in den Wolken verschwanden. Dann die Wasserfälle, die mit brausendem Tosen in die tiefen Täler stürzten, die wiederum bedeckt waren von riesigen Farnkräutern und rosafarbigem Heidekraut. Viadukte[1] geleiteten unseren Zug über die senkrecht abstürzenden Schluchten. „Welch eine verschwenderische Fülle an Naturschönheiten hat uns Gott doch ge-

1 Ein Viadukt ist eine Talbrücke.

schenkt!“ Dann fuhren wir durch ein malerisches Dorf mit seinem herausragenden Kirchturm. Dort breitete sich ein weiter See mit seinem klaren blauen Wasser aus. über dem die Sonne blutrot unterging. Ich hatte nicht Augen genug, um alles auf einmal zu betrachten, am liebsten wäre ich auf beiden Seiten des Zuges zugleich gewesen. Beim Anblick all dieser Schönheiten drängte es mich, Gott zu danken. Es war mir, als begriff ich schon jetzt, wie groß Gott ist und wie wundervoll der Himmel.

Plötzlich stand mir auch das Klosterleben vor Augen. Ich dachte daran, dass ich all das Schöne nie mehr sehen würde. Der Alltag hinter den Klostermauern wird eintönig sein: ohne Abwechslung, ohne Spaziergänge durch blumenbedeckte Wiesen oder am Meer. Ich werde nur noch ein kleines Stück Himmel sehen, viele kleine Opfer des Verzichtes und des Gehorsams werde ich bringen müssen, meine Freiheit wird sehr eingeschränkt sein. Noch viele andere Gedanken gingen mir durch den Kopf, während all die Wunderwerke Gottes wie ein Traum an mir vorüberzogen.

Wie leicht kann man doch seine Berufung vergessen, und ich sagte mir: Später, wenn es im Karmel manchmal schwer sein wird und ich nur noch ein Stückchen vom Sternenhimmel sehe, dann will ich mich an all das Schöne erinnern, was ich heute sehe, und Gott dafür loben. Ich will mein Herz nicht an äußere Dinge hängen, Gott allein will ich lieben. Nein, ich will mich nicht an Strohhalme klammern, sondern auf Gottes Wort mein Leben bauen, denn in der Heiligen Schrift heißt es: „Was kein Auge gesehen und kein Ohr gehört hat, was keinem Menschen in den Sinn gekommen ist: das Große, das Gott denen [im

Himmel] bereitet hat, die ihn lieben!"[1] Ja, das soll mein großes Ziel sein!

Endlich Italien!

Unser Pilgerzug hatte bereits die Grenze erreicht. Nach der Zollkontrolle war ein allgemeines Aufatmen zu hören. Endlich Italien!

Die erste Stadt, die wir besuchten, war Mailand. Nach der Messe um 7 Uhr am Grab des heiligen Karl Borromäus im Dom bestiegen wir den Turm. Vierhundertvierundachtzig Stufen mussten überwunden werden, um das letzte Glockentürmchen zu erreichen. Von hier aus hatten wir das Vergnügen, die ganze Stadt Mailand zu überblicken. Die Menschen auf den Straßen kamen uns vor wie winzige Ameisen. Der Dom selbst war aus weißem Marmor gebaut und hatte nicht weniger als sechstausend Statuen.

Im Anschluss an die Dombesichtigung fuhren wir Pilger mit Wagen von einer Sehenswürdigkeit zur anderen. Mehr noch als der Dom beeindruckte mich der Campo Santo, ein Friedhof, dessen Standbilder aus weißem Marmor wie zufällig über dem weiten Gelände zerstreut schienen. Fast war man versucht, diese Gestalten zu trösten, denn ihr schmerzlicher Gesichtsausdruck war so echt und lebendig. Besonders ausdrucksstark war die Statue eines Kindes, das Blumen auf das Grab seines Vaters streut. Wir fanden kaum Worte, um unsere Bewunderung auszudrücken.

Ein älterer schlecht gelaunter Herr aus unserer Pilger-

---

1 Erster Brief an die Korinther 2,9.

gruppe, der uns überallhin folgte, jedoch unsere Gefühle nicht teilen konnte, sagte laut und deutlich: *„Ach, was sind die Franzosen doch für Schwärmer!"* Dieser arme Mann wäre besser zu Hause geblieben. Statt sich über die Reise zu freuen, meckerte er andauernd: Er war unzufrieden mit dem Wagen, den Hotels, den Städten, den Leuten, kurzum mit allem ... Papa dagegen war mit allem zufrieden. In seiner liebenswürdigen Art versuchte er, den Mann aufzuheitern: Er bot ihm überall den besten Platz an und wies ihn immer wieder auf die guten Seiten der Dinge und der Menschen hin - leider vergeblich. Wie lehrreich ist es doch, die Menschen und die Welt zu studieren!

In Venedig, der zweiten Station unserer Reise durch Italien, veränderte sich das Bild vollständig. Statt des Lärms der großen Stadt hörte man hier, inmitten der Stille, nur die Rufe der Gondolieri[1] und das Plätschern des Wassers bei jedem Ruderschlag. Diese Stadt besitzt zwar viele Reize, aber ich fand sie deswegen traurig, weil hier viele Menschen in den unterirdischen, schrecklichen Gefängnissen ihr Leben lassen mussten.

Von Venedig aus ging unsere Fahrt weiter nach Padua, wo wir den heiligen Antonius verehrten, der so gern bei verlorenen Gegenständen um Hilfe angerufen wird. Dann kamen wir nach Bologna, um dort bei der heiligen Katharina zu beten. Die Legende[2] erzählt, dass man auf ihrem Gesicht noch die Spur des Kusses sieht, den das Jesuskind ihr gegeben haben soll.

---

1 Ein Gondoliere ist der Führer einer Gondel, einem schmalen Boot, das als „Verkehrsmittel" auf den Kanälen Venedigs eingesetzt wird.

2 Eine Legende ist eine Erzählung aus dem Leben der Heiligen, eine fromme Sage.

Ich könnte noch viele Einzelheiten über jede Stadt erzählen und über tausend kleine Begebenheiten unserer Reise berichten, aber ich käme zu keinem Ende und will darum nur das niederschreiben, war für mich wichtig war.

Mit Freuden verließ ich Bologna, das ich wegen eines kleinen Abenteuers nie vergessen werde. Als wir dort den Zug verließen, hatten sich auf dem Bahnhof eine Menge Italiener, darunter viele Studenten, versammelt. Die vornehmen adeligen Damen unseres Pilgerzuges wurden mit Pfiffen und witzigen Lästereien begrüßt. Als Jugendliche unter den vielen Erwachsenen fielen meine Schwester und ich natürlich auf. Céline schrieb in ihr Reisetagebuch: „Wir befanden uns auf dem Bahnsteig und warteten auf Papa, um mit ihm zusammen in einem Wagen durch die Stadt zu fahren. Therese war sehr hübsch, und sehr oft hörten wir bewunderndes Geflüster von den Leuten, die an uns vorbeigingen. Plötzlich stürzt ein Student auf sie, nimmt sie in die Arme und sagt ihr irgendeine Schmeichelei, die ich nicht verstand. Und schon trug er sie weg." Aber ich warf ihm einen solchen Blick zu, dass er Angst bekam, mich sofort losließ und sich beschämt aus dem Staub machte.

Ich war glücklich, als wir uns auf dem Weg nach Loretto befanden. Eine fromme Legende erzählt, dass die Gottesmutter diesen einfachen und armen Ort ausgewählt hat, um das Haus, in dem sie in Nazaret mit Jesus und dem heiligen Josef gelebt hatte, hierher bringen zu lassen. Es ist ein Ort des Friedens und der Freude, alles ist schlicht und ungekünstelt. Die Frauen tragen ihre einfache italienische Tracht und nicht die Pariser Mode wie die Frauen in den Städten. Kurz gesagt: *Loretto hat mich entzückt!* Vor allem auch darum, weil Céline und ich durch einen glücklichen

Zufall allein mit einem Priester im Haus der Heiligen Familie einen Gottesdienst feiern durften. Die anderen Pilger und auch Papa feierten die Messe am Altar der Basilika, die über der Santa Casa[1] erbaut war.

Beim Abschied von diesem heiligen Ort tröstete ich mich mit dem Gedanken: „Jesus will uns nicht ein bleibendes Haus auf Erden schenken. Die Wohnung, die er für uns bereit hält, ist der Himmel, wo wir ihn nicht mehr verborgen sehen wie in der Hostie, sondern so wie ER ist, von Angesicht zu Angesicht."[2]

Nach der eindrucksvollen Loretto-Wallfahrt erreichten wir am späten Sonntagabend, dem 13. November, das Ziel unserer Reise. Durch die vielen Eindrücke des Tages waren wir todmüde im Zugabteil eingeschlafen und wurden von den Rufen der Bahnhofsbeamten geweckt: *„Roma, Roma!" Es war kein Traum, ich war in Rom.* Das „Hotel Süd" war für zehn Tage unser Quartier, Céline und ich bezogen gemeinsam ein Zimmer.

Den ersten Tag verbrachten wir außerhalb der Mauern Roms, wo alle Denkmäler ihr antikes Gepräge bewahrt haben. Die modernen Geschäfte und großartigen Hotels im Zentrum Roms dagegen erinnerten mich an Paris. An die Spazierfahrt in der Campagna[3] denke ich besonders gern zurück. Ich will nicht über all die Stätten berichten, die wir besichtigten, es gibt genug Bücher, die sie ausführlich beschreiben, aber ich möchte die wichtigsten Eindrücke wiedergeben, die sich mir tief eingeprägt haben.

---

1 So wird in Italien das „Heilige Haus" genannt.

2 Vgl. Johannesevangelium 14,2; erster Brief an die Korinther 2,9 und 13,2.

3 Die Campagna ist die Ebene um Rom, eine ländliche Gegend.

Das Kolosseum in Rom

An erster Stelle möchte ich das Kolosseum[1] erwähnen. Endlich sah ich die Arena, in der so viele Märtyrer ihr Blut für Jesus vergossen hatten. Es war mein brennender Wunsch, an dieser geheiligten Stelle niederzuknien und den Boden zu küssen, aber die ursprüngliche Arena lag etwa acht Meter tiefer als der Boden, auf dem wir standen, und eine unübersteigbare Schranke versperrte den Zugang. In das Innere dieser baufälligen Ruine hinunterzusteigen, war sicher nicht ungefährlich. Und dennoch: Sollte ich nach Rom gekommen sein, ohne in das Kolosseum hinabzusteigen? Nein, das war unmöglich! Die Erklärungen des Führers hörte ich schon gar nicht mehr, ein einziger Gedanke beherrschte mich: hinab in die Arena - gleich wie! Da ging gerade ein Arbeiter mit einer Leiter an mir vorüber. Das wäre das ideale Hilfsmittel, dachte ich mir. Glücklicherweise gab ich den Gedanken auf, denn der

---

1 Das Kolosseum war das Amphitheater im alten Rom. Während der Christenverfolgung wurden hier Tausende Christen den wilden Tieren vorgeworfen.

Arbeiter hätte mich sicher für verrückt erklärt. Plötzlich entdeckte ich einen Schutthaufen, von dem aus es möglich war, über die Absperrung zu klettern und in die Arena hinabzusteigen. Ich stieß einen Freudenschrei aus und rief Céline zu: „Komm, schnell! Hier kommen wir durch!“ Sofort stiegen wir über den Zaun und kletterten vorsichtig die Ruine hinunter, die unter unseren Füßen abbröckelte. Unser besorgter Vater erkannte die Gefahr und rief uns zurück, wir jedoch überhörten seine Worte.

Am Ziel unserer Wünsche angekommen, suchte Céline das Kreuz im Boden der Arena, das die Stelle bezeichnet, an der die Märtyrer gekämpft hatten. Als wir es fanden, knieten wir nieder und beteten. Mein Herz klopfte heftig, als ich den Boden küsste, auf dem die ersten Christen getötet worden waren. Ich bat um die Gnade, auch eine Märtyrerin für Jesus werden zu dürfen. Unsere Unternehmung nahm nur ganz kurze Zeit in Anspruch. Wir sammelten noch einige Steinchen auf und kletterten vorsichtig die verfallene Mauer wieder hinauf. Als Papa uns so glücklich sah, konnte er nicht schimpfen, er war sogar ein bisschen stolz auf seine mutigen Töchter. Der liebe Gott stand offensichtlich auch auf unserer Seite, denn die Pilger hatten unsere Abwesenheit nicht bemerkt, sie waren weitergegangen und ganz versunken im Anblick der wunderbaren Steinbögen des Kolosseums, in denen Statuen heidnischer Liebesgötter standen.

Nach dem Kolosseum besuchten wir die Katakomben[1], die genauso aussahen, wie ich sie mir nach der Beschreibung in einem Buch vorgestellt hatte. Ohne Führer würde

1 Katakomben sind die unterirdischen Gänge zur Zeit der Christenverfolgung mit Gräbern der ersten Christen.

man sich in dem Labyrinth der kilometerlangen Gänge verlaufen. Als sich unsere Pilgergruppe ein wenig entfernt hatte, schlich ich mit Céline ins Innere der alten Grabstätte der heiligen Cäcilia und nahm als Andenken ein wenig von der Erde mit. Vor meiner Romreise wusste ich nicht viel von dieser Heiligen, die als Patronin der Kirchenmusik verehrt wird, aber nicht wegen ihres musikalischen Talentes, sondern weil ihr ganzes Leben wie eine schöne Melodie der Liebe zu Gott und den Mitmenschen war. Von diesem Tag an wurde sie meine Lieblingsheilige.

Auch der Besuch in der Kirche der heiligen Agnes freute mich sehr, weil unsere Schwester Pauline mit Klosternamen Schwester Agnes heißt. Ich wollte ihr unbedingt ein Andenken von ihrer Namenspatronin mitbringen. Mir kam es so vor, als hätte die heilige Agnes selbst mir dazu verholfen, denn aus einem Mosaikbild, das aus ihrer Zeit stammt, löste sich ein rotes Steinchen und fiel genau vor meine Füße. Ich habe mir erlaubt, es als Geschenk der heiligen Agnes für Pauline mitzunehmen.

Sechs Tage besichtigten wir die wichtigsten Sehenswürdigkeiten Roms. Abends im Hotelzimmer setzte ich mich mit Céline auf den Fußboden, und wir erzählten bis Mitternacht ziemlich laut über die Erlebnisse des vergangenen Tages. Unser Zimmernachbar klopfte heftig an die Wand, um uns zum Schweigen zu bringen. Leider hatte der arme Pater nur wenig Verständnis für die Begeisterung junger Menschen, vielleicht war er auch nur übermüdet von den Anstrengungen der Reise.

Überhaupt machte ich durch die Begegnung mit den fünfundsiebzig Priestern unserer Pilgergruppe die entscheidende Entdeckung: Priester sind weder Engel noch Götter; sie sind einfach schwache und fehlerhafte Menschen wie wir. Bisher war ich ihnen nur im Gottesdienst, beim Religionsunterricht, im Beichtstuhl und bei anderen priesterlichen Aufgaben begegnet; jetzt erlebte ich sie im Zug, im Hotel, bei Tisch ..., ich hörte ihre Unterhaltungen und sah ihr Benehmen. Durch diese Erfahrung verstand ich, warum die Schwestern im Karmel nicht nur für die Bekehrung der Sünder, sondern ganz besonders für die Priester beten. Das bestärkte mich in meiner Berufung und in meinem brennenden Wunsch, so schnell wie möglich Karmelitin zu werden.

Das „Fiasko“ in Rom

Den eigentlichen Zweck meiner Romreise hatte ich trotz der vielen faszinierenden Erlebnisse nicht vergessen. Und nun war er da, der lang ersehnte und zugleich gefürchtete Sonntag, der 20. November, von dem meine Berufung abhing. Bischof Hugonin aus Bayeux hatte die versprochene Antwort nicht geschickt. Durch einen Brief meiner Schwester Pauline erfuhren wir, dass er nicht mehr so ganz auf meiner Seite stand. Jetzt war der Heilige Vater mein einziger Rettungsanker ... Um die Erlaubnis zum Eintritt in den Karmel von ihm zu erhalten, musste ich ihn selbst darum bitten. Vor allem musste ich es in aller Öffentlichkeit wagen, ihn anzusprechen. Pauline hatte mir geschrieben, wie ich es anstellen solle, und meine Cousine Marie Guérin ließ mich wissen, dass man in Lisieux für mich betete, „bis die Kniebänke brechen“.

Zu meiner Zeit gab es für die Teilnahme an einer Papstaudienz[1] noch strenge Vorschriften: Mädchen und Frauen

1 Unter Audienz versteht man den Empfang bei hohen Persönlichkeiten.

trugen schwarze Kleider und als Kopfbedeckung einen Spitzenschleier. Außerdem schmückten wir uns mit einem blau-weißen Band, an dem eine Medaille von Papst Leo XIII. hing. Als wir uns so festlich auf den Weg zum Vatikan[1] machten, regnete es in Strömen. Das ist ein schlechtes Vorzeichen, dachte ich mir, denn bei allen wichtigen Ereignissen meines Lebens war die Natur ein Abbild meiner Seele gewesen: An traurigen Tagen weinte der Himmel mit mir, an frohen Tagen schien die Sonne.

Um 7.30 Uhr versammelten sich die Pilger in der päpstlichen Kapelle. Wir waren alle tief ergriffen, als der Heilige Vater eintrat und uns segnete. Bald darauf feierten wir mit ihm die heilige Messe. Mein Herz schlug heftig und meine Gebete waren glühend, als Jesus bei der heiligen Wandlung in den Zeichen von Brot und Wein auf den Altar kam. Ich hatte die innere Gewissheit: Jesus versteht mich, er steht auf meiner Seite.

Im Anschluss an die Papstmesse wurde mit den Pilgern noch eine Dankmesse gefeiert, und dann endlich betraten wir den großen Audienzsaal. Der Papst saß etwas erhöht auf einem Thronsessel, mit einer einfachen weißen Soutane[2] und einem gleichfarbigen Schulterumhang bekleidet, auf dem Kopf trug er nur ein weißes Käppchen, nicht die Tiara[3], wie gewöhnlich. Er war umgeben von Kardinalen und Bischöfen, die dem Heiligen Vater ihre Diözese[4] vorstellten. Unsere Diözese wurde von Generalvikar

---

1 Der Vatikan ist der Wohnsitz des Papstes.
2 Die Soutane ist ein langes, meist gegürtetes Gewand der katholischen Geistlichen unter den liturgischen Gewändern, beim Papst weiß.
3 Die Tiara ist eine mit drei Kronen geschmückte Kopfbedeckung des Papstes. Seit 1964 ist sie außer Gebrauch.
4 Eine Diözese ist der Amtsbezirk eines regierenden Bischofs.

Révérony vertreten. Als Geschenk erhielt der Papst einen wunderschönen Chorrock[1] aus Spitzen, der in achttausend Arbeitstagen gefertigt worden war.

Dann zog unsere Pilgergruppe vorbei: zuerst die Frauen, anschließend die Priester und Männer. Den Vorschriften entsprechend kniete einer nach dem anderen vor dem Heiligen Vater nieder, küsste ihm Fuß und Hand als Ausdruck der Ehrfurcht und empfing seinen Segen. Zunächst hatte der Papst für jeden ein freundliches Wort, doch die Zeit drängte. Abbé Révérony, der zu meinem Unglück neben dem Heiligen Vater stand, hatte streng verboten, den übermüdeten Papst anzusprechen. Mein Mut begann zu sinken. Ich schaute Céline fragend an, und mein Herz klopfte zum Zerspringen. „Rede!" sagte sie entschieden. Schon im nächsten Augenblick kniete ich vor dem Papst. Nachdem ich seinen Fuß geküsst hatte, reichte er mir die Hand hin. Aber statt sie zu küssen, legte ich die meine hinein. Unter Tränen sagte ich: *„Heiliger Vater, ich möchte sie um eine große Gnade bitten!" Da neigte der Papst seinen Kopf zu mir herab, so dass sein Gesicht das meine fast berührte. Seine schwarzen Augen schienen bis auf den Grund meiner Seele zu schauen. „Heiligster Vater", wiederholte ich, „erlauben sie mir, zu Ehren ihres Jubiläums mit fünfzehn Jahren in den Karmel einzutreten!"* Überrascht und ärgerlich zugleich griff Generalvikar Révérony ein: *„Heiligster Vater, das ist ein Kind, das mit fünfzehn Jahren in den Karmel eintreten möchte, die Vorgesetzten prüfen zur Zeit diese Frage." - „Nun gut, mein Kind", sagte der Heilige Vater zu mir, „ tue, was die Verantwortlichen entscheiden werden!"* Da faltete ich meine Hände,

---

1 Der Chorrock dienst als Übergewand des katholischen Geistlichen beim Gottesdienst.

stützte sie auf seine Knie und wagte einen letzten Versuch, indem ich mit flehender Stimme bat: *„Oh, Heiligster Vater, wenn Sie ja sagen, werden alle einverstanden sein!“... Er sah mich fest an und entgegnete: „Schon gut ..., schon gut ..., du wirst eintreten, wenn der liebe Gott es will!“ Seine Worte waren sehr eindringlich. Die Güte des Heiligen Vaters gab mir Mut, und ich wollte noch weitersprechen, doch da forderten mich zwei Nobelgardisten*[1] *zum Aufstehen auf. Als ich ihrer Aufforderung nicht nachkam, fassten sie mich bei den Armen, und Abbé Reverony half ihnen, mich aufzurichten, denn ich hatte noch immer meine gefalteten Hände auf den Knien des Papstes aufgestützt. In dem Augenblick, als man mich auf die Füße stellte, legte der Heilige Vater seine Hand auf meine Lippen und erhob sich, um mich zu segnen. Meine Augen füllten sich mit Tränen, als mich die beiden Gardisten zum Ausgang trugen.*

Céline war Zeugin der bewegenden Szene. Danach kniete sie vor dem Heiligen Vater nieder und brachte den Mut auf, ihn um einen besonderen Segen für den Karmel von Lisieux zu bitten. Abbé Révérony war sehr wütend und entgegnete mit lauter Stimme: „Er ist schon gesegnet, der Karmel!“

Papa, der sich bei der Männergruppe befand, hatte von dem Fiasko nichts mitbekommen. Als er zum Papst kam, stellte ihn der Generalvikar als Vater von drei Ordensfrauen vor, er sagte aber nicht, dass Céline und ich auch seine Töchter seien. Der Heilige Vater legte seine Hand auf Papas Kopf und segnete ihn.

---

1 Die Nobelgardisten stammten aus dem Adel. Heute gibt es nur noch die Schweizergarde.

Vor der Audienzhalle trafen wir unseren lieben Papa wieder. Als er mich in Tränen aufgelöst sah, versuchte er vergeblich, mich zu trösten. Alles schien aus zu sein, diese große Reise war zu nichts nütze.

In einem ausführlichen Brief teilte ich Pauline meinen Kummer mit:

„Oh, Pauline, ich kann dir nicht sagen, was ich empfand. Ich war wie vernichtet und fühlte mich verlassen, und dann bin ich auch noch so weit, so weit weg ... Während ich diesen Brief schreibe, möchte ich weinen, das Herz ist mir so schwer. Und doch kann mir der liebe Gott keine Prüfungen schicken, die über meine Kräfte gehen. Er hat mir den Mut geschickt, diese zu ertragen. Oh, sie sind sehr groß ... Aber, Pauline, *ich habe mich dem Jesuskind als kleines Spielzeug angeboten. Ich habe ihm gesagt, es solle mich nicht wie eine Kostbarkeit behandeln, das ein Kind nur anschauen darf, sondern wie einen kleinen Ball, den es auf den Boden werfen, mit dem Fuß stoßen, in einer Ecke liegen lassen oder an sein Herz drücken kann* ... Ja, ich will gern alles tun, was es will!“[1]

Im Innersten meines Herzens spürte ich einen tiefen Frieden, weil ich alles getan hatte, was mir möglich war, um dem Ruf Gottes zu entsprechen. ER aber schien weit weg zu sein, und nichts verriet mir seine Nähe. *An diesem Tag wagte die Sonne nicht zu scheinen. Der sonst so schöne blaue Himmel Italiens hing voller dunkler Wolken, die nicht aufhörten, mit mir zu weinen. Für mich hatte die Reise keinen Reiz mehr, und doch ging sie weiter.*

---

1 Therese will mit dem Bild vom kleinen Ball aussagen, dass sie Gottes Willen erfüllen will, ganz gleich, was er von ihr fordert.

Die Reise geht weiter

Am Tag nach der aufregenden Audienz fuhren wir schon morgens nach Neapel und Pompeji, um diese weltweit berühmten Städte zu besichtigen. Auf dem Weg dorthin konnten sich die Pilger im Speisewagen am reichhaltigen Büffet die Zeit vertreiben. Céline und ich waren allein im Abteil geblieben. Plötzlich wurde die Tür geöffnet. Monsignore[1] Legoux, der Generalvikar der Diözese Coutance. sah mich lächelnd an und sagte: *„Nun, wie geht es unserer kleinen Karmelitin?" ... Da wurde mir klar, dass der ganze Pilgerzug mein Geheimnis kannte; zum Glück redete niemand mit mir darüber.* An den sympathischen und liebevollen Blicken der Mitreisenden konnte ich erkennen, dass mir niemand böse war, eher war das Gegenteil der Fall.

In Pompeji ließ der Vesuv „uns zu Ehren" einen mächtigen Kanonendonner los, und aus seinem Krater stieg eine lichte Rauchwolke auf. Die Spuren, die er auf den Ruinen der Stadt hinterlassen hatte, waren erschütternd. Neapel hingegen war voll von pulsierendem Leben. Von hier aus machten wir mit einem zweispännigen Pferdewagen einen Ausflug zum Kloster San Martino, hoch auf einem Hügel, der uns einen herrlichen Blick auf die ganze Stadt ermöglichte. Auf der Rückfahrt gingen dem Kutscher die Pferde durch, und nur dem Schutz unserer heiligen Engel schrieb ich es zu, dass wir wohlbehalten in unserem Hotel ankamen. Es war, wie alle anderen, ein fürstliches Hotel.- Niemals zuvor war ich von solchem Luxus umgeben

---

1 Monsignore ist der Ehrentitel für Priester, die sich besondere Verdienste in der Kirche erworben haben.

gewesen. Gerade hier wurde mir bewusst, dass Reichtum nicht alles ist. Ich hätte mich tausendmal glücklicher unter einem Strohdach gefühlt, in der Hoffnung, bald in den Karmel eintreten zu dürfen, als mit Bitterkeit im Herzen inmitten der vergoldeten Täfelungen an den Wänden, der Marmortreppen und der Seidenteppiche. Aus dieser Erfahrung gewann ich die nützliche Erkenntnis: ***DIE FREUDE STECKT NICHT IN DEN DINGEN, SONDERN IM INNERSTEN UNSERER SEELE,*** man kann sie ebenso in einem Gefängnis wie in einem Palast besitzen.

In Assisi erlebte ich ein kleines Abenteuer. Nachdem wir die Stätten des heiligen Franziskus und der heiligen Klara besucht hatten, verlor ich im Kloster meine Gürtelschnalle. Wegen der Zeit, die ich zum Suchen und Befestigen am blau-weißen Band brauchte, verfehlte ich die Stunde der Abfahrt. Als ich zur Klosterpforte kam, sah ich nur noch den Wagen des Generalvikars Révérony! Sollte ich nun den Wagen nachlaufen, die ich bereits nicht mehr sah, und mich der Gefahr aussetzen, den Zug zu verpassen, oder sollte ich um einen Platz im Wagen des Herrn Révérony bitten? Ich entschied mich für die letztere und klügere Lösung. Um meine Verlegenheit zu verstecken, erklärte ich ihm selbstsicher die kritische Lage, in der ich mich befand. Da der Wagen mit hohen Persönlichkeiten voll besetzt war, brachte ich ihn nun selbst in Verlegenheit. Doch einer der Herren stieg sofort aus, bot mir seinen Platz an und setzte sich bescheiden neben den Kutscher. Ich glich einem Eichhörnchen, das man in einer Falle gefangen hatte. Mir gegenüber saß der Gefürchtete, Abbé Révérony. Er war jedoch sehr zuvorkommend und unterbrach ab und zu sein Gespräch mit den anderen, um mit mir über den Karmel zu reden. Zu meinem großen Erstaunen versprach er mir sogar, alles zu tun, damit mein Herzenswunsch in Erfüllung ginge.

Später erfuhr ich den Grund seines Gesinnungswandels: Papa hatte in Rom einen bekannten und einflussreichen Mann besucht, Bruder Simeon, den Gründer und Direktor des Schulbrüderkollegs St. Joseph. Hier traf er zufällig mit dem Generalvikar Révérony zusammen. Im Beisein von Bruder Simeon warf Papa ihm in seiner liebenswürdiger Art vor, mich beim Heiligen Vater nicht unterstützt zu haben. *Dann erzählte er dem lieben Bruder die ganze Geschichte. Mit großem Interesse hörte dieser zu und machte sich einige Notizen.* Abschließend sagte er ganz gerührt: *„So etwas hat man in Italien noch nicht erlebt!“* Offensichtlich war Abbé Révérony von dieser Begegnung sehr beeindruckt und dachte über die ganze Angelegenheit noch einmal nach.

Der liebe Gott versteht es einmalig, auch die kleinsten Dinge zu nutzen, um aus ihnen etwas Gutes für uns zu machen. So war die verlorene Gürtelschnalle der Anlass zu dem glücklichen Zusammentreffen mit dem Herrn Generalvikar. Sein Versprechen war Balsam auf meine Wunde.

Bei der Ankunft am Bahnhof zogen alle ihren Geldbeutel hervor, um dem Kutscher ein Trinkgeld zu geben. Abbé Révérony ließ nicht zu, dass auch ich etwas gab, er schenkte für uns beide eine große Münze.

Auf unserem weiteren Reiseprogramm stand Florenz, eine wirklich prachtvolle Stadt. Mein lebhaftes Interesse galt dem dort ansässigen Karmelitinnenkloster. Mitten im

Chor[1] stand ein Sarkophag mit dem Leib der heiligen Magdalena von Pazzi. Alle Pilger wollten ihre Rosenkränze am Grab der Heiligen berühren, aber nur meine Hand war klein genug, um sie durch die Öffnung des Chorgitters hindurchzureichen. Ich war recht stolz, dass mir diese ehrenvolle Aufgabe übertragen wurde.

Nachdem wir am 26. und 27. November Pisa und Genua besichtigt hatten, fuhren wir auf einer der prächtigsten Zugstrecken entlang des Meeres nach Frankreich zurück. Der Sturm peitschte das Wasser so sehr, dass die Wellen fast unseren Zug erreicht hätten; in der Abenddämmerung war dies ein eindrucksvolles Schauspiel. In den vielen kleinen Meereshäfen brannten Tausende Lichter, und am dunkelblauen Himmel funkelten die ersten Sterne. All dies sah ich zum ersten- und letztenmal in meinem Leben. Ohne Bedauern freute ich mich an allem, mein Herz aber sehnte sich nach den *Schönheiten des Himmels.*[2]

Papa schlug mir sogar noch eine Reise nach Jerusalem vor. Das war natürlich ein verlockendes Angebot, d i e Stätten zu besuchen, an denen unser Herr und Heiland Jesus Christus die Frohe Botschaft verkündet, Kranke geheilt und sein Leben für uns hingegeben hatte. Aber nein, ich wollte keine Pilgerfahrten mehr unternehmen, mein einziges Ziel sollte nur noch der Karmel sein. Ach, ich fühlte es: Ehe sich seine Türen zum Eintritt öffneten, musste ich weiter kämpfen und leiden. Mit grenzenlosem Vertrauen hoffte ich, am 25. Dezember eintreten zu dürfen, dem ersten Jahrestag meiner großen Bekehrungsgnade.

---

1 Der Chor ist der abgesonderte Altarraum einer Kirche. Hier ist es der Gebetsraum der Schwestern, der der Kirche angeschlossen ist.

2 Therese bezieht diese Aussage auf das Leben im Karmel.

Inzwischen hatten wir die letzte Station unserer Pilgerfahrt erreicht, die Stadt Fourviere. In der Basilika feierten wir eine Dankmesse für die reichen Gnaden, die wir empfangen, und für all das Großartige, das wir erlebt hatten. In der Nacht des 2. Dezembers kamen wir in Paris, am Gare de Lyon, an. Ohne weiteren Aufenthalt kehrten wir eilig nach Lisieux zurück. Die Zeit drängte, es waren ja nur noch dreiundzwanzig Tage bis Weihnachten.

Warten, immer nur warten

Kaum waren wir in Lisieux angekommen, galt unser erster Besuch dem Karmel. Was war das für ein Wiedersehen! Nach einem Monat der Trennung, die mir viel länger erschien, hatten wir uns viel zu erzählen. Es tat mir so gut, Pauline alle Erlebnisse, vor allem die Begegnung mit dem Heiligen Vater, ausführlich erzählen zu dürfen. Sie verstand mich am besten und fand die richtigen Worte, um meine arme, verwundete Seele zu trösten. Dann gab Pauline mir den Rat, dem Bischof zu schreiben und ihn an sein Versprechen zu erinnern. Daheim setzte ich mich sofort hin und schrieb, so gut ich es konnte, aber Onkel Isidor fand meine Ausdrucksweise etwas zu simpel und verfasste einen neuen Brief. Zugleich ging auch Post an Generalvikar Révérony ab, um auch ihn an sein Versprechen zu erinnern. Kaum hatte ich die Briefe weggebracht, wartete ich schon ungeduldig auf die Antwort mit der Erlaubnis. Jeden Tag nach der heiligen Messe begleitete mich Papa zum Postamt in der Hoffnung, die ersehnte Nachricht zu erhalten! Nichts ... Jeder Tag war mir eine neue Enttäuschung!

Der Pater Superior des Karmels war über meine Audienz beim Papst schon längst informiert und offensichtlich verärgert. Am 8. Dezember antwortete er Mutter Genoveva[1], die ihn um meinen Eintritt zu Weihnachten gebeten hatte, sehr energisch: „Sprechen Sie mir nicht mehr von diesem Eintritt! Man könnte meinen, das Heil der ganzen Kommunität[2] hängt vom Eintritt dieses Kindes ab. Sie soll bei ihrem Vater bleiben, bis sie volljährig ist. Ich bitte, dass man mit mir nicht mehr über diese Affäre spricht!"

Onkel Isidor, der inzwischen ganz auf meiner Seite stand, verwendete sich für mich. Ein Zusammentreffen mit Pater Superior, der unbeugsam an seinem Standpunkt festhielt, scheiterte ebenfalls. Es blieb nichts mehr übrig, als zu warten, immer nur zu warten!

Das Weihnachtsfest 1887 war gekommen. Jesus hatte mich scheinbar vergessen, *er ließ seinen kleinen Ball am Boden liegen, ohne ihn auch nur eines Blickes zu würdigen. Auf dem Weg zur Mitternachtsmesse war mein Herz gebrochen, ich hatte doch so sehr damit gerechnet, sie im Karmel mitzufeiern. Diese Prüfung stellte meinen Glauben auf eine harte Probe.* Ich weinte den ganzen Tag.

Am Nachmittag des strahlenden Festes besuchte ich die Karmelitinnen, die mir im Sprechzimmer eine ganz liebevolle Überraschung bereitet hatten: Da lag ein wunderschönes Jesuskind, das einen kleinen Ball in der Hand hielt, worauf mein Name stand. Die Karmelitinnen sangen

---

1 Mutter Genoveva war die stellvertretende Priorin (Oberin) des Karmelitinnenklosters von Lisieux.
2 Mit Kommunität ist hier die Klostergemeinschaft gemeint.

mir ein Lied, das Pauline eigens für mich gedichtet hatte. Jedes Wort spendete meiner Seele Trost.

Langsam begriff ich, dass die Glaubensprüfung meine Seele stark machte und meinen Glauben festigte. In der Heiligen Schrift fand ich dafür einige Beispiele:

Als die Mutter Jesu bei der Hochzeit von Kana ihrem Sohn sagte: „Sie haben keinen Wein mehr!" wirkte er nicht sofort das Wunder, sondern prüfte ihren Glauben mit den Worten: „Meine Stunde ist noch nicht gekommen!" Welche Belohnung folgte auf diese Prüfung! Jesus verwandelte sechs Krüge Wasser in Wein.[1]

Im elften Kapitel des Johannesevangeliums las ich, dass Jesus seinen Freund Lazarus sterben ließ, obwohl Maria und Marta ihm mitgeteilt hatten, dass er krank sei. Jesus wollte ihren Glauben prüfen und stärken. „Ich bin die Auferstehung und das Leben. Wer an mich glaubt, wird leben, auch wenn er stirbt, und jeder, der lebt und an mich glaubt, wird auf ewig nicht sterben. Glaubst du das? Marta antwortete ihm: Ja, Herr, ich glaube, dass du der Messias bist, der Sohn Gottes ..."[2] Als sie dann mit Jesus zum Grab ihres Bruders ging, kamen ihr noch einmal Zweifel, weil er doch schon vier Tage tot war. Jesus sagte zu ihr: „Habe ich dir nicht gesagt: Wenn du glaubst, wirst du die Herrlichkeit Gottes sehen?"[3] Ja, und dann durften Marta und ihre Schwester Maria erleben, dass Jesus, der Sohn Gottes, Macht hat, Tote zum Leben zu erwecken.

So wollte Jesus auch meinen Glauben prüfen. Ich setzte ihm keine Termine mehr!

---

1 Vgl. Johannesevangelium 2, 1-12
2 Johannesevangelium 11,25-27.
3 Johannesevangelium 11,40.

Die gute Nachricht

Endlich! Am 1. Januar 1888, einen Tag vor meinem fünfzehnten Geburtstag, teilte mir die Mutter Priorin, Maria von Gonzaga, brieflich mit, dass Bischof Hugonin sein Jawort zu meinem Eintritt gegeben hat. Diese positive Antwort hatte sie bereits am 28. Dezember, dem Fest der „Unschuldigen Kinder", erhalten, mir aber verheimlicht, weil sie mich erst am Ende der strengen Fastenzeit ins Kloster aufnehmen wollte. Das genaue Datum verriet sie mir jedoch noch nicht. Also nochmals warten! Drei Monate, das schien mir wie eine Ewigkeit.

Nachdem ich meinen Schmerz hinausgeweint und meine Enttäuschung einigermaßen überwunden hatte, erkannte ich den Wert der Zeit, die mir noch geschenkt wurde, und beschloss, mich durch allerlei Bußübungen auf das Klosterleben einzustellen. Papa und meine Geschwister hatten mich als Jüngste ziemlich verwöhnt. In der Klostergemeinschaft würde ich keine Vorrangstellung mehr haben.

Wenn ich von Bußübungen spreche, dann meine ich keineswegs die der Heiligen. Ich übte mich darin, meinen Eigenwillen zu beugen, ein Wort des Widerspruchs zurückzuhalten, kleine Dienste zu erweisen, ohne sie herauszustellen, mich beim Sitzen nicht anzulehnen[1] ... Durch diese Kleinigkeiten bereitete ich mich vor, eine Braut Jesu zu werden. Auf diese Weise verflog die Wartezeit im Nu, und ich wuchs in der Liebe und in der Demut, die für ein Leben in Gemeinschaft notwendige Eigenschaften sind.

---

1 Im Karmel gab es nur Hocker.

Ende März erhielt ich aus dem Karmel die Nachricht, dass ich am Montag, dem 9. April, dem Fest Maria Verkündigung[1], eintreten dürfe. Ich liebte dieses Fest besonders; es erinnert an den Tag, an dem der Engel Maria die Botschaft brachte, dass sie Mutter Gottes wird. Der große Gott hat sich ganz klein gemacht, um für uns Mensch zu werden. Mein Herz jubelte vor Freude über diesen schönen Eintrittstag.

---

1 Wegen der Fastenzeit wurde das Fest „Maria Verkündigung" (25. März) am Montag, dem 9. April, nachgefeiert.

IV. Kapitel
Im Karmelitinnenkloster von Lisieux

Mein Abschied von den Buissonnets

Am Abend vor meinem Eintritt in den Karmel versammelten sich meine engsten Angehörigen um den großen Familientisch im Wohnzimmer, wo ich zum letzten Mal meinen Platz einnahm. Wie herzzerreißend ist doch ein solcher Abschied! Gerade dann, wenn man sich am liebsten ins eigene Zimmer zurückziehen möchte, um den Abschiedsschmerz zu verbergen, wird man mit Liebkosungen und zärtlichen Worten überschüttet, die das Opfer der Trennung nur noch schwerer machen. Papa war sehr wortkarg, aber sein Blick hing voller Liebe an mir ... Meine Tante weinte immer wieder, und Onkel Isidor sagte tausend Liebenswürdigkeiten. Auch meine Cousinen Jeanne und Marie schenkten mir allerlei liebe Worte. Marie nahm mich beiseite und bat mich um Verzeihung für allen Kummer, den sie glaubte, mir bereitet zu haben. Meine Schwester Léonie überhäufte mich mit Küssen. Am schwersten fiel mir der Abschied von meiner geliebten Schwester Céline. In der letzten Nacht, die wir miteinander verbrachten, gab es noch viel zu sagen. Vor allem beteten wir um die Kraft, die uns den Abschied erleichtern sollte.

Am Morgen des ersehnten Tages, Montag, den 9. April 1888, warf ich einen letzten Blick auf die Buissonnets, das schöne Nest meiner Kindheit, das ich nie mehr wiedersehen sollte. Dann machte ich mich mit Papa, Léonie und Céline auf den Weg zum Karmel.

Der Eingang zur Karmelkirche von Lisieux

Nun bin ich hier für immer

Zur heiligen Messe um 7 Uhr in der Karmelkapelle versammelten sich wie am Vorabend noch einmal alle meine Angehörigen. Nachdem Jesus bei der heiligen Kommunion in unser Herz eingekehrt war, hörte ich um mich herum nur Schluchzen. Ich war die einzige, die keine Träne vergoss, doch mein Herz klopfte so heftig, dass ich meinte, es werde jeden Moment zerspringen. Auch hatte ich das Gefühl, völlig gelähmt zu sein, und glaubte, mich keinen Schritt vorwärts bewegen zu können. Als man uns das Zeichen gab, zur Klausurtür[1] zu gehen, schritt ich trotzdem voran. Welch ein Augenblick! Welch eine Todesangst! Man muss es erlebt haben, um zu wissen, was so ein Schritt bedeutet.

Äußerlich merkte mir niemand an, wie aufgeregt ich war. Der Reihe nach umarmte ich alle meine Angehörigen und

1 Klausur (lat. Einschließung) heißen die für Fremde unzugänglichen Klosterräume.

kniete mich zum Schluss vor meinen geliebten Vater nieder, um seinen Segen zu empfangen. Auch er kniete sich nieder, und mit Tränen in den Augen segnete er mich. Was mag wohl in seinem Herzen vorgegangen sein? Was für ein unsagbar großes Opfer muss es für einen Vater sein, wenn er sein Kind, das noch im Frühling des Lebens steht, ganz Gott schenkt.

Langsam öffnete sich die Klosterpforte. Die ganze Kommunität hatte sich versammelt, um mich in ihre Gemeinschaft aufzunehmen. Auch der Spiritual der Schwestern, Abbé Delatroëtte, war anwesend. Er hatte sich immer noch nicht damit abgefunden, dass ich die Erlaubnis zum Eintritt in den Karmel trotz meines jugendlichen Alters erhalten hatte. Seine Worte brachten die ganze Versammlung zum Erstarren: „Nun gut, meine verehrten Mütter, jetzt können Sie ein ‚Te Deum'[1] singen! Als Vertreter des Bischofs übergebe ich Ihnen dieses Kind von fünfzehn Jahren, dessen Eintritt Sie gewollt haben. Ich hoffe, dass es Ihre Erwartungen nicht enttäuscht, doch erinnere ich Sie daran, falls es anders kommen sollte, dass Sie allein die Verantwortung dafür tragen." Alle meine Angehörigen brachen in Tränen aus. Ein paar Augenblicke später überschritt ich die Türschwelle, und die Klosterpforte wurde geschlossen. In mütterlicher Freude umarmten mich zuerst meine Schwestern Pauline und Marie und danach herzlich alle Schwestern, die nun meine neue Familie bildeten.

Wie alle Postulantinnen[2] wurde ich sogleich in den Chor

---

1 Das „Te Deum" ist ein christlicher Lob-, Dank- und Bittgesang, nach dem Anfang des Lobgesangs „Te Deum laudamus" („Herr Gott, dich loben wir").

2 Eine Postulantin ist die Bewerberin um Aufnahme in einen katholischen Orden während der Probezeit, dem sogenannten „Postulat".

Die Zelle Therese

geführt. Wegen der Aussetzung des Allerheiligsten war es halbdunkel. Ich kniete zu einem kurzen Dankgebet nieder. Mutter Maria von Gonzaga zeigte mir anschließend die verschiedenen Räume des Klosters: den Kapitelsaal (Vortragsraum), das Refektorium (Speiseraum), den Rekreationsraum (Erholungsraum), die Küche und so weiter.

Dann führte sie mich in den ersten Stock in meine Zelle, einen Raum von 2,10 Meter Breite und 3,70 Meter Länge. Die Einrichtung ist schnell aufgezählt: eine Liege mit brauner Decke, eine kleine Bank ohne Rückenlehne, eine Petroleumlampe, eine Sanduhr. An der Wand hing ein Holzkreuz ohne Christus und ein Weihwasserkesselchen, und es gab einen Kleiderhaken. Durch das Fenster sah ich ein Schieferdach und den Himmel. Ich glaubte mich in eine Wüste versetzt, trotzdem war ich glücklich, besonders über meine einfache Zelle. Mit Freude wiederholte ich die Worte: ***„Nun bin ich hier für immer, für immer!"***

Meine schönen Kleider musste ich eintauschen gegen ein langes blaues Kleid mit einer schwarzen Pelerine[1], wie es für Postulantinnen üblich war. Meine langen blonden Haare verschwanden unter einer dunklen Haube.

Meine ersten Schritte im Kloster

Der liebe Gott hat mir die Gnade gegeben, bei meinem Eintritt in den Karmel KEINE EINZIGE Illusion zu haben. Ich fand das Klosterleben so, wie ich es mir vorgestellt hatte; kein Opfer überraschte mich.

Schrittweise wurde ich in das Klosterleben eingeführt, das sich in einem immer gleichen Rhythmus vollzog: sechs Stunden Gebet im Chor (heilige Messe, Stundengebet der Kirche, Meditation), fünf Stunden Handarbeit (Bereitung von Hostien, Gestaltung von religiösen Bildern, Nähen, Haushalt, Gartenarbeit ...), zwei Mahlzeiten und zwei

---

1 Die Pelerine ist ein ärmelloser, kurzer Umhang.

Stunden gemeinsame Erholungszeit, in der aber auch kleine Arbeiten verrichtet wurden. Außerhalb der Erholungszeit galt strenges Stillschweigen, die Arbeiten verrichteten wir meistens in der Einsamkeit unserer Zelle.

Schon bald kamen innere und äußere Prüfungen auf mich zu: Meine Seele war ausgebrannt und hinterließ einen vertrockneten Boden, auf dem nichts mehr wuchs. Von dem anfänglichen Glücksgefühl war nichts mehr zu spüren, und das Beten war für mich wie eine mühsame Arbeit. Gott ließ es zu, dass unsere Mutter Priorin mich sehr streng behandelte, obwohl sie sich darüber gar nicht bewusst war. Nie begegnete sie mir, ohne irgendeinen Tadel zu erteilen. Ich erinnere mich, wie ich eines Tages ein Spinnengewebe im Kreuzgang übersehen hatte. Vor versammelter Klostergemeinschaft sagte sie zu mir: *„Man sieht wohl, dass ein fünfzehnjähriges Kind den Kreuzgang fegt. Es ist wirklich ein Jammer! Nehmen Sie das Spinnengewebe sofort weg, und verrichten Sie künftig Ihre Arbeit sorgfältiger!"*

In der Zeit meines Postulates schickte mich unsere Novizenmeisterin täglich um halb fünf nachmittags in den Garten, um Unkraut zu jäten. Das kostete mich große Überwindung, weil ich fast sicher war, unterwegs Mutter Maria von Gonzaga zu begegnen. Einmal sagte sie zu mir: *„Ach ja, dieses Kind tut rein gar nichts! Was ist das für eine Novizin, die man täglich spazieren schicken muss!"* Und so ging es mit allem, nichts konnte ich ihr recht machen.

Alle diese Prüfungen nahm ich mit Liebe an, obwohl es oft ein großer innerer Kampf war, zu den Anschuldigungen zu schweigen, keine Widerworte zu geben oder beleidigt zu sein. Was wäre aus mir geworden, hätte man mich zum Spielzeug der Klostergemeinschaft gemacht, wie manche Leute in Lisieux meinten. Ich danke dem lieben Gott für die strenge Erziehung durch unsere Mutter Priorin, denn ich bin ja nicht in den Karmel gekommen, um mit meinen Schwestern Pauline und Marie zusammenzuleben und von ihnen weiterhin verwöhnt zu werden; ich bin ausschließlich dem Ruf Jesu gefolgt. *Ja, ich bin in den Karmel gekommen,* ***um Seelen zu retten*** *und besonders* ***für die Priester zu beten.*** Wenn man sich ein so hohes Ziel gesetzt hat, kann man kein bequemes Leben führen, sondern muss die geeigneten Mittel einsetzen. Jesus ließ mich erkennen, dass er mir durch das Kreuz Seelen schenken werde, und darum wollte ich alles Unangenehme und Leidvolle annehmen. Ohne Übertreibung kann ich sagen, dass meinen ersten Schritten im Kloster mehr Dornen als Rosen begegneten.

Mit niemandem sprach ich über meine inneren Leiden. Was in mir vorging, konnte ich nicht ausdrücken, die Worte fehlten mir einfach. Die geistigen Aussprachen mit unserer Novizenmeisterin wurden mir zur Qual, zu einem wirklichen seelischen Martyrium. Obwohl ich sie sehr liebte und für eine Heilige hielt, konnte ich ihr meine Seele nicht öffnen.

Am 8. Mai 1888 schrieb ich zum erstenmal einen Brief aus dem Karmel an meine geliebte Schwester Céline:

„Liebe Céline!

Ich schicke Dir, meine Céline, zwei Tüchlein, um sie auf der Maschine zu sticken. Ich weiß, dass Du viel zu tun hast, aber diesen Gefallen wirst Du Deiner Therese nicht abschlagen. Ich denke, zwei Stiche wären gut. Bei einem ist der Saum zu schmal, würdest Du da bitte den zweiten weglassen. Ich hätte sie gern morgen nach dem Mittagstisch, denn am Donnerstag ist Himmelfahrt.

Heute vor vier Jahren bin ich zur Erstkommunion gegangen. Denkst Du daran ? ... Welche Gnaden hat mir der liebe Gott seitdem geschenkt!

Meine geliebte Céline, es gibt Augenblicke, da ich mich frage, ob es denn wirklich wahr ist, dass ich im Karmel bin. Manchmal kann ich es nicht glauben. Was habe ich denn für den lieben Gott getan, dass er mich mit Gnaden überhäuft?

Morgen ist es ein Monat, dass ich von Dir weg bin, aber es scheint mir, als seien wir gar nicht getrennt: Was liegt daran, an welchem Ort wir uns befinden? ... Auch wenn der Ozean uns trennte, wir blieben dennoch vereint, denn unsre Wünsche sind die gleichen, und unsere Herzen schlagen gemeinsam ... Ich bin sicher, dass Du verstehst. (Was liegt schon daran, ob das Leben lächelt oder traurig ist, wir werden darum nicht weniger an das Ziel unserer irdischen Reise gelangen.) Ein Tag ohne Leiden ist für eine Karmelitin ein verlorener Tag. Für Dich ist es dasselbe, denn Du bist Karmelitin im Herzen.

Umarme für mich Léonie.

Deine kleine Therese vom Kinde Jesus“

Um sie nicht zu beunruhigen, teilte ich auch Céline nichts Konkretes von meinen inneren Prüfungen und Leiden mit. Zudem wollte ich weder bedauert noch bewundert werden. Jesus ließ mich immer mehr begreifen, dass der wahre Ruhm darin besteht, vor den Menschen unbekannt und für nichts gehalten zu werden.[1] Wie das göttliche Antlitz Jesu in dieser Welt nicht erkannt wurde, so will auch ich auf Erden von niemandem erkannt und geehrt werden.

Im Wonnemonat Mai mit seiner überquellenden Frühlingspracht in unserem Klostergarten feierten wir die Profess[2] meiner Schwester Marie. Pater Pichon, ein mit unserer Familie befreundeter Jesuit[3], nahm die Gelübde entgegen. Einem Ordensbrauch entsprechend, durfte ich Marie eine Krone aus Rosen aufsetzen.

Nach diesem strahlenden Fest hielt Pater Pichon in unserer Gemeinschaft mehrtägige Exerzitien[4]. Als erfahrener Seelsorger erkannte er die Leiden und Kämpfe in meinem jungen Ordensleben und meine Angst vor der Sünde. Pater Pichon war nicht wenig überrascht von meinem Seelenzustand. Er hatte mich für ein Kind ohne Probleme gehalten. Jetzt aber sagte er mir die trostreichen Worte: „Im Angesicht Gottes, der Seligsten Jungfrau und aller Heiligen, ERKLÄRE ICH, DASS SIE NIE EINE EINZIGE SCHWERE SÜNDE BEGANGEN HABEN." Dann fügte er hinzu: „Danken Sie dem lieben Gott für das, was er an Ihnen getan hat, denn verließe er Sie, so würden Sie, statt ein kleiner Engel zu sein, ein kleiner Teufel werden." Das zu glauben, fiel mir nicht schwer. Im Zusammenleben mit sechsundzwanzig Mitschwestern verschiedenster Temperamente und Charaktere erkannte ich immer

---

1 Vgl. Nachfolge Christi: 1,2,3.
2 Die Profess ist das Versprechen der drei Gelübde: Armut, Gehorsam, Ehelosigkeit.
3 Jesuiten sind ein katholischer Orden, auch unter dem Namen „Gesellschaft Jesu" bekannt.
4 Exerzitien sind besondere Tage im Jahr mit religiösen Vorträgen, Beichte und Aussprache.

wieder meine eigenen Schwächen. Schwester St. Vincent von Paul gab ich wegen ihrer bissigen Kritik den Namen „das große Zicklein". Sie war eine hervorragende Stickerin und konnte es nicht unterlassen, unserer Mutter Priorin zu sagen: „Die junge Postulantin hat kein Geschick für manuelle Arbeiten, sie wird für die Kommunität niemals nützlich sein." Das war ein Volltreffer in meine übergroße Empfindlichkeit. Nicht genug damit, Schwester St. Vincent von Paul unterließ selten eine Gelegenheit, eine unangenehme Bemerkung über mich zu machen. Trotzdem bemühte ich mich jedesmal um ein Lächeln. Jesus allein weiß, welch inneren Kampf mich das kostete.

Meine beiden Schwestern Pauline und Marie versuchten wiederholt, sich meiner liebevoll anzunehmen - so wie in den Buissonnets. Das löste in der Gemeinschaft Spötteleien und Eifersucht aus. Als meine Patin Marie mir wieder einmal ihre mütterliche Fürsorge schenken wollte, antwortete ich ihr freundlich, aber entschieden: „Ich danke dir. Ich wäre froh, bei dir bleiben zu können, aber es ist besser, dass ich darauf verzichte, denn wir sind nicht mehr zu Hause."

Diese Situation war äußerst schwierig für mich. Ich war für Jesus in den Karmel gekommen und musste nun darum kämpfen, von meinen beiden Schwestern unabhängig zu werden, um meinen eigenen Weg zu finden. Die abschließenden Worte des Beichtgesprächs bei Pater Pichon halfen mir dabei: „Mein Kind, der Herr sei stets dein Vorgesetzter und Novizenmeister." Seit dieser Begegnung war ich innerlich befreit und überließ mich der Führung Gottes.

Nach der strahlenden Professfeier von Marie und den segensreichen Exerzitien traf uns die Nachricht von Papas schlechtem Gesundheitszustand wie ein Blitz aus heiterem Himmel. Bereits am 1. Mai 1887 hatte er einen ersten Schlaganfall erlitten. Beide Beine waren gelähmt, aber die kräftige Konstitution meines geliebten Königs gewann bald wieder die Oberhand. Vor ein paar Monaten hatte er ja mit mir und Céline die große Italienreise unternommen, die ihn gesundheitlich leider ziemlich geschwächt hatte. Céline teilte mir Folgendes brieflich mit:

„Dieses arme Väterchen scheint mir jetzt so alt, so verbraucht. Wenn Du ihn sehen würdest, wie er sich jeden Morgen an der Kommunionbank niederkniet, so gut er kann, dann bringt einen das zum Weinen. Mein Herz ist zerrissen, und ich stelle mir vor, dass er bald sterben wird."

Eine fortschreitende Verkalkung mit Schwindelanfällen, Gedächtnisverlust und Fluchtwünschen versetzten uns alle in große Sorge um unseren geliebten Vater.

Wie viele Opfer hat er doch schon bringen müssen! Er war bereit, alle seine Töchter Gott zu schenken. Céline hatte erst kürzlich einen Heiratsantrag abgelehnt und Papa mitgeteilt, dass auch sie sich zum Karmel berufen fühlte. Spätestens jetzt war ihm bewusst, dass sein Lebensabend sehr einsam sein würde. Aber sein Glaube und seine Großherzigkeit hielten allen Prüfungen stand. Einen Tag nach meinem Eintritt ins Kloster schrieb Papa an einen Freund: „Gestern ist Therese, meine kleine Königin, in den Karmel eingetreten. Ein solches Opfer kann nur Gott fordern. Aber er steht mir so machtvoll bei, dass mein Herz inmitten der Tränen vor Freude überfließt."

Der 23. Juni 1888 war für uns alle ein schrecklicher Tag.

In den Buissonnets herrschte Panik: Léonie und Céline suchten, unterstützt vom Dienstmädchen, überall unseren Vater. Er war verschwunden. Onkel Isidor und unsere übrigen Verwandten hatten ihn weder in der Apotheke noch sonst irgendwo gesehen. Es folgte eine Nacht voller Angst. Am 24. Juni Tag kam ein Telegramm aus Le Havre, in dem Papa um Geld bat. Am folgenden Tag reisten Céline und Onkel Isidor dorthin, um unseren Vater zu suchen, denn sie hatten keine Anschrift von ihm.

Tags darauf gab es eine neue Aufregung für Léonie, die allein in den Buissonnets zurückgeblieben war: Das Nachbarhaus wurde von einem Feuer völlig zerstört. Zum Glück wurde unser Haus nur wenig beschädigt; die Feuerwehrleute konnten das Dach rechtzeitig löschen.

Nach vier Tagen zermürbender Unruhe wurde Papa im Postamt von Le Havre gefunden. Er hatte einen zweiten unbemerkten Schlaganfall erlitten. Sein Denken war wieder klar, aber eine fixe Idee verfolgte ihn: Er wollte sich in die Einsamkeit zurückziehen, um dort als Eremit zu leben.

Diese Ereignisse verwundeten meine Seele zutiefst. Gerade jetzt, wo Papa mich am Nötigsten hatte, war ich eine „Gefangene". Die indiskreten Fragen mancher Mitschwester und die Schwätzereien in Lisieux, die bis zu uns ins Kloster drangen, verstärkten meinen Schmerz noch mehr. Aus dem Gesagten konnte ich heraushören: Wenn Papa „verrückt" würde, sei das auf den Eintritt seiner Töchter ins Kloster zurückzuführen. Mein Weggehen hatte ihn sehr geschmerzt, weil er mich besonders liebte. Der liebe Gott gab mir die Seelenstärke, alle diese inneren Leiden zu ertragen. Um Papa zu erfreuen und ihm zu zeigen, dass ich ihn nach wie vor liebte, schrieb ich ihm fröhliche Briefe. Humorvoll erinnerte ich ihn an die schönen Augenblicke unserer Italienreise, an unsere Verbundenheit in so manchen Schelmereien, die Céline und ich uns geleistet hatten. Papa stand immer auf unserer Seite.

In einem Brief an Céline teilte ich ihre Sorgen und ließ sie etwas von meinem inneren Kampf wissen: *„Das Leben ist so niederdrückend, welche Bitterkeit... aber auch welche Freude. Ja, das Leben kostet etwas. Es ist mühsam, einen Arbeitstag zu beginnen ... wenn man Jesus doch fühlte, oh! man würde gerne alles für ihn tun. Aber nein, er scheint tausend Meilen entfernt zu sein. Jesus verbirgt sich."* - Ja, ich litt viel, aber ich fühlte, dass ich noch größere Prüfungen würde ertragen müssen.

Die große Prüfung

Ich musste nicht lange warten, bis eine neue, viel größere Prüfung mir ihre Arme entgegenstreckte.

Inzwischen war ich sechs Monate im Kloster. Nach dieser Zeit der Einführung in das Ordensleben erhält man normalerweise das Ordensgewand. Mit Erlaubnis von Bischof Hugonin und dem Einverständnis der Vorgesetzten sollte im Oktober meine Einkleidung gefeiert werden. Papa schickte uns zum Schmuck meines Brautkleides Alençon-Spitzen. Bald darauf erlitt er einen schweren Rückfall. Die Einkleidung musste verschoben werden. Weil der Bischof erst wieder im Januar einen freien Termin hatte, wurde meine Einkleidung auf Mittwoch, den 9. Januar 1889, festgesetzt. Das bedeutete für mich WARTEN, wieder einmal WARTEN - WARTEN in der Ungewissheit, ob Papa bis dahin fähig sein würde, an der Feier teilzunehmen.

Wider Erwarten besserte sich im Dezember sein Zustand. Nachdem der Pfarrer der Kathedrale St. Peter in Lisieux eine Unterschriftensammlung zum Bau eines neuen Hochaltars gestartet hatte, brachte Papa die notwendigen 10 000 Franken[1] auf. Diese hochherzige Tat blieb leider nicht verborgen. Onkel Isidor fand die Freigebigkeit übertrieben. Vielleicht hatte er im Hinterkopf den Gedanken, Papa solle aus einer gewissen Vorsorge heraus das Geld für seine Töchter sparen, denn man konnte ja nie wissen, ob sie im Kloster bleiben werden. Papa dagegen hatte ein großes Gottvertrauen. Der von ihm gestiftete Altar war ein sichtbares Zeichen seiner Bereitschaft, alle seine Kinder und schließlich sich selbst Gott ganz zu schenken.

Die drei Monate Wartezeit sollten meine Liebe zu Jesus erneut auf die Probe stellen. Am Abend des 5. Januar 1889 - drei Tage nach meinem sechzehnten Geburtstag - begann ich mit den Exerzitien zur Vorbereitung auf die Einkleidung. Man könnte glauben, dass mich das bevorstehende Fest mit dem Wiedersehen von Papa, Céline, Léonie und den übrigen Verwandten in Hochstimmung versetzte. Das Gegenteil war der Fall: Alle meine Gefühle schienen seit Monaten wie eingetrocknet. Die Exerzitientage, die ich in der Stille und Einsamkeit meiner Zelle oder im Chor verbrachte, verschärften die Situation. Es waren traurige Tage ohne Freude und Trost im Herzen. *Jesus schien zu schlafen, so wie damals, als er mit seinen Jüngern im Boot über den See Genezareth fuhr Ich sagte mir: „ Wenn Jesus schlafen will, warum sollte ich ihn daran hindern?" Ich war froh, dass er mir das zumutete. Ich*

---

1 10 000 Franken sind nach heutigem Kurs zirka 1 650 Euro. Damals lag der Wert jedoch noch viel höher.

wollte ihn so sehr lieben!... Ihn mehr lieben, als er jemals geliebt worden war Es war unglaublich, wie groß mir mein Herz erschien. Alle Sünder der Welt wollte ich bekehren, und alle Seelen aus dem Fegefeuer retten.

Jesus, der bald mein Bräutigam werden sollte, ließ nicht zu, dass ich mich an IRGEND ETWAS Geschaffenes hing, auch nicht an schöne Gefühle. Er weiß genau, hätte er mir nur einen Schatten von äußerem Glück geschenkt, so würde ich mich mit aller Energie, mit der ganzen Kraft meines Herzens, daran gehängt haben. Jesus allein wollte mein einziges Glück sein. Die Liebe zu IHM gab mir die Kraft, die Prüfungen und Leiden der ersten neun Monate durchzustehen und die tausend Nadelstiche des Gemeinschaftslebens zu ertragen. Hinzu kamen die ungewohnte Ernährungsweise, der Mangel an Schlaf und die Kälte[1]. All das wäre „nichts" gewesen ohne die Krankheit meines geliebten Vaters. Es blieb nur die Sorge, ob er die gemütsmäßige Belastung der bevorstehenden Feier ertragen könne. Wir Geschwister im Karmel hatten Angst vor irgendeinem Zwischenfall während der Feier. Pauline flehte am Vorabend des Festes den lieben Gott an, dass nichts Unangenehmes geschehen möge.

Mitten in den Exerzitien erfuhr ich, dass die Einkleidungsfeier wegen eines Todesfalles vom 9. auf den 10. Januar verschoben werden musste; also ein Wüstentag mehr. Was liegt schon daran?! Jesus war bei mir, auch wenn ich nichts von seiner Gegenwart spürte.

---

1 Im Karmel wurde nur ein Raum geheizt, das sogenannte Wärmezimmer.

Ich heiße nun „Schwester Therese vom Kinde Jesus”

Am Morgen des 10. Januar 1889 verließ ich zum letzten Mal in meinem Leben die Klausur. Bevor ich von unserer Mutter Priorin mit dem Gewand des Karmels bekleidet wurde, trug ich ein hochzeitliches Kleid aus weißem Samt mit langer Schleppe. Die Haare fielen unter einer Krone aus Lilien auf meine Schultern herab. Geschmückt als Braut Christi schritt ich zur Klausurpforte, wo mich Papa schon erwartete. Mit Tränen in den Augen kam er auf mich zu, drückte mich an sein Herz und rief: „Oh, da ist ja meine kleine Königin!” Dann bot er mir seinen Arm, und wir hielten unseren feierlichen Einzug in die Karmelkapelle. Dieses Fest war sein Triumphtag, alle Kinder hatte er dem lieben Gott geschenkt. Niemals habe ich meinen „geliebten König“ schöner und würdiger gesehen als an diesem herrlichen Festtag. Es sollte sein letztes Fest auf Erden sein.

Nach der beeindruckenden Ansprache von Bischof Hugonin folgte die eigentliche Zeremonie der Einkleidung, die von Gesängen und Gebeten der Klostergemeinschaft umrahmt war. Brautkleid und Krone durfte ich nun ablegen und trug von dieser Stunde an mit Freude das Kleid des Karmels: ein braunes Gewand mit Skapulier[1], eine weiße Kopfhülle mit weißem Schleier, ein brauner Ledergürtel mit Rosenkranz, Leinenstrümpfe und Sandalen, aus Kordel gearbeitet. Nun war ich Karmelitin und wurde mit dem Ordensnamen „Schwester Therese vom Kinde Jesus“ angesprochen.

---

1 Das Skapulier ist Teil der Tracht und wird über dem Hauptgewand getragen. Es besteht aus zwei bis an die Knöchel reichenden Stücken Tuch, die Brust und Rücken bedecken.

Am Ende der Zeremonie stimmte der Bischof das „Te Deum“ an. Ein Priester machte ihn darauf aufmerksam, dass dieses Lied nur bei den Professfeiern gesungen werde, aber es war nun einmal angestimmt und der Lobgesang wurde

Therese nach ihrer Einkleidung im Innenhof des Klosters

bis zum Ende fortgesetzt. Musste dieses Fest nicht durch den mächtigen Lobpreis Gottes vollendet werden, da es doch alle anderen Feste einschloss?!

Nachdem ich meinen „geliebten König“ ein letztes Mal umarmt hatte, kehrte ich in die Klausur zurück. Mein Blick fiel zuallererst auf die Statue des Jesuskindes, das mir inmitten von Blumenschmuck und brennenden Kerzen zuzulächeln schien. In Zukunft durfte ich sie schmücken.

Wie soll ich meine Begeisterung ausdrücken, als ich dann entdeckte, dass der Klosterhof mit Schnee bedeckt war. Welch eine zarte Aufmerksamkeit meines Jesus. Denn es war so sehr mein Wunsch, dass die Natur, so wie ich, ein weißes Festgewand trug. Schon als kleines Kind entzückte mich der Schnee. Eines meiner größten Vergnügen war es, unter den weißen Flocken spazierenzugehen. Woher hatte ich nur diese Freude am Schnee? Vielleicht daher, dass ich eine kleine Winterblume bin, und meine Kinderaugen die Natur zuerst in ihrem weißen Schmuck erblickten. Wie dem auch sei, der liebe Gott hatte meinen Wunsch erfüllt.

Die ganze Stadt wunderte sich über den Schnee und betrachtete es als ein kleines Wunder, weil die Temperatur so mild war, dass mit Schnee nicht zu rechnen war. Viele meinten, ich hätte einen sonderbaren Geschmack mit meiner Vorliebe für Schnee. Ja, ich liebte die Natur in ihrer zauberhaften Vielfalt. Sie war mir stets ein Bild und Gleichnis für unsichtbare Wirklichkeiten.

Ich möchte noch von dem köstlichen Ausklang meines Festes berichten. Nach der Feierlichkeit kam Bischof Hugonin in unsere Klausur. Er überschüttete mich geradezu mit allen möglichen Beweisen seiner väterlichen Güte und nannte mich öffentlich „seine kleine Tochter“. Ich hatte den Eindruck, dass er stolz darauf war, dass ich mein Ziel erreicht hatte. Vor allen Priestern und Schwestern erinnerte er an meinen Besuch bei ihm in Bayeux und an meine Romreise und vergaß natürlich nicht, mein damals aufgestecktes Haar zu erwähnen. Dann nahm der Hochwürdige Herr meinen Kopf zwischen seine beiden Hände und streichelte mich. Dabei ließ Jesus mich an die Liebkosungen denken, mit denen er mich einmal im Himmel überhäufen würde. So wurde mir diese trostreiche Geste inmitten der Leiden, die hinter mir und noch vor mir lagen, ein Vorgeschmack auf die himmlische Herrlichkeit.

Mein erstes Jahr im Noviziat

Am Tag nach dem glanzvollen Fest begann wieder der Alltag. Ich wurde nun eingereiht in die verschiedenen Gemeindschaftsdienste, die von Zeit zu Zeit wechselten. Gemeinsam mit Schwester Agnes von Jesus, meiner leiblichen Schwester Pauline, übernahm ich die Verantwortung für den Speisesaal. Einerseits gab mir ihre Nähe Trost, andererseits litt ich darunter. Die Versuchung, miteinander zu sprechen, war für uns beide groß. Wie gern hätte ich bei Pauline mein Herz ausgeschüttet, meine Gedanken mit ihr ausgetauscht, aber ich wollte treu die Ordensregel beachten, die uns das Stillschweigen gebot. Ich war ja doch im Karmel und nicht mehr in den Buissonnets. Jesus war mein Viel-Geliebter, dem ich in allem Freude bereiten wollte.

Das erste Noviziatsjahr dient vor allem der Vorbereitung auf das Ablegen der drei Gelübde. Dazu bot der klösterliche Alltag genügend Gelegenheiten.

Seit meiner Einkleidung hatte ich schon viele Gelegenheiten, die Armut einzuüben. Während meines Postulats freute ich mich über die hübschen Dinge, die mir zum Gebrauch zur Verfügung standen. Eines Abends suchte ich vergeblich meine kleine Lampe auf dem Wandbrett, die ich dringend in der Zelle brauchte. Das große Stillschweigen nach der Komplet[1] verbot mir, danach zu fragen. Eine Schwester hatte wohl versehentlich danach gegriffen. Ich erkannte die Belehrung, die Jesus mir erteilen wollte: dass die Armut darin besteht, nicht nur die angenehmen Dinge zu entbehren, sondern selbst die unentbehrlichen. So ging mir in der äußeren Finsternis innerlich ein Licht auf ... Nach dieser wichtigen Erkenntnis legte ich mich schlafen, denn ohne Lampe konnte ich nichts mehr tun.

Damals erfasste mich eine wahre Liebe zu den hässlichsten und unbequemsten Gegenständen. Ich freute mich darüber, dass der hübsche kleine Wasserkrug aus meiner Zelle entfernt wurde und man mir statt dessen einen hässlichen, ziemlich beschädigten hinstellte.

Ich gab mir auch viel Mühe, mich nicht zu rechtfertigen, was mir jedoch sehr schwer fiel. Von meinem ersten Sieg will ich an dieser Stelle berichten. Es war zwar kein großer, aber er kostete mich viel: Eine Schwester fand eine kleine Vase, die hinter einem Fenster gestanden

---

1 Bis zur Komplet (das kirchliche Abendgebet) durfte das Notwendigste gesprochen werden. Nach der Komplet begann das absolute Stillschweigen; unvermeidliche Mitteilungen wurden durch Gesten oder schriftlich gemacht.

hatte, in Scherben. Unsere Novizenmeisterin glaubte, ich hätte sie herumstehen lassen, und mahnte mich, in Zukunft besser achtzugeben. Ich versprach ihr, künftig mehr Ordnung zu halten. Die kleinen Übungen der Demut waren heilsam für meinen Stolz, aber sie bereiteten mir viel Mühe.

Es boten sich viele Gelegenheiten, mich von meiner ungesunden Eigenliebe und Bequemlichkeit loszureißen. Im Grunde waren es kleine, unscheinbare Dinge: Ich faltete gern die Chormäntel[1] zusammen, die die Schwestern vergessen hatten, und räumte sie stillschweigend auf. Ich leistete ihnen unzählige kleine Dienste, wo immer ich konnte. So nahm ich mich der alten Schwester Petra an, die durch ihre vielen Krankheiten sehr schwierig geworden war. Am liebsten ging man ihr aus dem Weg, denn niemand konnte es ihr recht machen. Wenn ich sie allabendlich zum Speisesaal führte, musste das nach einem ganz bestimmten Ritual geschehen. Dabei schenkte ich ihr mein fröhlichstes Lächeln, selbst dann, wenn sie nörgelte, weil ich entweder zu langsam oder zu schnell mit ihr gegangen war. Diese für viele Menschen bedeutungslosen Dinge nutzten mir mehr als die körperlichen Bußwerke[2], die mich höchstens stolz machten. Ich war mir sicher, dass der liebe Gott so etwas von mir nicht wollte. Er ließ mich erkennen, dass die Liebe sich hinter den geringfügigsten Handlungen verstecken muss.

---

1 Zur heiligen Messe und zum Stundengebet an Sonn- und Festtagen tragen die Schwestern über dem Ordensgewand einen weißen Umhang, den sogenannten Chormantel.

2 Unter Bußwerke versteht man zum Beispiel das Tragen eines Nagelkreuzes oder Nagelgürtels auf dem Körper und das Geißeln mit der Peitsche, wie es vor hundert Jahren in den strengen Klöstern üblich, aber nicht streng verpflichtend war.

Damals ahnte ich noch nichts von dem Leid, das meine Seele „wie ein Schwert“ durchdringen würde. Man hatte mir noch nicht gesagt, dass unser geliebter Vater bereits vier Wochen nach meiner Einkleidung am 12. Februar 1889 eine so große gesundheitliche Krise erlitten hatte, dass er in das „Sanatorium vom Guten Hirten“ in Caen eingeliefert werden musste. In seiner Wahnvorstellung sah er schreckliche Bilder von Kriegsschauplätzen und Blutbädern, hörte Kanonendonner und Trommelschläge. Um seine Kinder zu verteidigen, griff er sogar zum Revolver. Es war unmöglich, ihn auch nur einen einzigen Augenblick allein zu lassen. Außerdem brauchte er ständige ärztliche Betreuung. In Caen wurde Papa Schwester Costard anvertraut, die eine Abteilung von geistig verwirrten Menschen leitete.

Für unsere Familie war sein Aufenthalt eine tiefe Demütigung, weil es in der Öffentlichkeit als Schande angesehen wurde, in die Heilanstalt eingeliefert zu werden.[1]

Einige Wochen nach seiner Einlieferung in die Heilanstalt bezogen Léonie und Céline vom 19. Februar bis 5. Mai 1889 ein Zimmer bei den „Barmherzigen Schwestern des heiligen Vinzenz von Paul“, ganz in der Nähe des „Guten Hirten”. Täglich gingen sie hin, um Neuigkeiten zu erfahren. Unseren Papa durften sie aber nur einmal in der Woche besuchen.

Ach, an diesem Tag der Hiobsbotschaft sagte ich nicht mehr, dass ich noch mehr leiden könne! Worte können meine Herzensangst nicht wiedergeben.

---

1 Seinerzeit waren Krankheiten wie zum Beispiel Alzheimer noch nicht bekannt.

Unsere Familie war nun zerstört. Das mitleidsvolle - auch böswillige - Gerede in Lisieux ging weiter und wurde bis zu uns in den Karmel getragen. Das verstärkte die seelische Qual, die Pauline, Marie und mich nun Tag und Nacht begleiteten. Der „böse Feind"[1] wollte uns Schuldgefühle einreden, uns verantwortlich machen für den jammervollen Zustand unseres Vaters. Für die inneren Leiden, die wir durchmachten, finde ich keine Worte, und ich werde auch nicht versuchen, sie zu beschreiben.

Wir standen mit Léonie und Céline in ständigem Briefkontakt; so erfuhren wir, dass Papa in einem lichten Augenblick Folgendes zu einem Arzt sagte: „Ich war immer gewohnt zu befehlen und sehe mich nun gezwungen zu gehorchen; das ist hart. Aber ich weiß, warum der liebe Gott mir diese Prüfung geschickt hat: Ich hatte nie in meinem Leben eine Demütigung zu ertragen; eine wenigstens musste ich haben." Papa war in seinem Herzen ganz eins mit Jesus geworden, der am Ölberg gebetet hatte: „Vater, wenn du willst, nimm diesen Kelch von mir! Aber nicht mein, sondern dein Wille soll geschehen."[2] Auch wir, seine Kinder, waren bereit, mit ihm diesen „bitteren Kelch" zu trinken. Im Himmel werden wir einmal erkennen dürfen, dass die Leidenszeit mit Papa die fruchtbarste unseres Lebens war. Prüfungen und Leiden reinigen unser Herz von Eigenliebe, Egoismus und Stolz, sie machen uns innerlich ganz frei.

In dieser Zeit tauchte ich ein in Schweigen und erforschte das Wort Gottes. Aus allen bisher gemachten Erfahrungen

---

1 Der „böse Feind" ist ein anderer Begriff für Teufel.
2 Lukasevangelium 22,42.

verstand ich die Worte des heilige Paulus: „Ihr seid zur Freiheit der Kinder Gottes berufen.“[1] Tief in meinem Herzen war ich glücklich, obwohl ich in dieser Zeit viele Tränen vergoss.

Von allem, was mich mit Zuhause und meiner Kindheit verband, musste ich mich trennen. Der Pachtvertrag von „Les Buissonnets” war abgelaufen und wurde nicht mehr erneuert. Unsere Familie war ja auseinandergerissen. Onkel Isidor hatte seine Apotheke in Lisieux verkauft und ein anderes Haus in Lisieux erworben. Er nahm Léonie und Céline, die von Caen zurückgekehrt waren, in sein Haus auf. Die Sommermonate verbrachte die Familie Guérin in dem geerbten Schlösschen „La Musse“. Sie luden Céline und Léonie ein, auch dort mit ihnen zu leben. Papa mussten sie im Sanatorium zurücklassen.

Eine Krankenschwester aus der Heilanstalt schrieb am 17. Juli 1889 an unsere Mutter Priorin:

„Lange haben wir mit ihm über seine beiden Töchter Léonie und Céline geplaudert. Als er hörte, dass sie sich auf dem Lande, auf ‚La Musse‘ befänden, rief er aus: ‚Gut so! Sagen Sie ihnen, sie sollen dort so lange bleiben, wie ihr Onkel es für richtig hält. Ich will nicht, dass sie meinetwegen zurückkommen. Mir geht es gut, sehr gut.‘ Diese ehrwürdige Persönlichkeit ist eine lebendige Predigt zur großen Ehre Gottes. Er ist ein wirklich bewundernswerter Mann. Nicht nur, dass er keine Klage äußert, sondern er findet alles, war wir ihm bieten, ausgezeichnet. Ergreifend ist es, wie er an seinen Kindern hängt.“

---

1 Vgl. Brief an die Galater 5,1.13.

Die familiäre Bindung an meine beiden leiblichen Schwestern im Karmel musste immer mehr einer allgemeinen Beziehung zu den Mitschwestern im Kloster weichen. Darum war es auch notwendig, dass ich Marie und Pauline in Zukunft nur noch mit ihren Ordensnamen ansprach. Marie hatte ihren Taufnamen behalten und hieß „Schwester Marie vom Heiligsten Herzen Jesu“, und Pauline hatte den Namen „Schwester Agnes von Jesus“ erhalten. Jede von uns musste als Ordensfrau ihren persönlichen Weg finden und in Treue gehen. **ES BLIEB MIR WIRKLICH NICHTS ALS JESUS ALLEIN!**

Nach Monaten der Trennung besuchte mich Céline. Als Geschenk brachte sie mir ein Efeublatt mit, das sie bei ihrem letzten Rundgang durch den Garten in „Les Buissonnets“ für mich gepflückt hatte. Unser bevorzugtes Gesprächsthema war: Alle Leiden für Jesus anzunehmen! Wir trösteten uns gegenseitig auch mit Gedanken über den Himmel. Dort wird unsere zerrissene Familie endgültig und für immer wieder vereint sein. Was „Les Buissonnets“ betraf, sagte ich ihr: *„Das Leiden vergeht rasch. Im Himmel wird es gleich sein, ob die Überbleibsel aus den Buissonnets da oder dorthin wandern, was liegt uns schon an dieser Welt? Wir müssen die Dinge so betrachten, als hätten wir nichts. Wir durften uns an allem erfreuen, aber nicht festhalten. Nur dann erlangen wir die wahre Freiheit.“*

Was ich bisher niedergeschrieben habe, ist nur ein Bruchteil dessen, was ich in meinen ersten beiden Klosterjahren erlebte, wo ich die Gnade Gottes erkennen durfte; ich könnte noch viele Seiten füllen.

Eine lange „Verlobungszeit"

Die Zeit zwischen der Einkleidung und Profess nennt man Noviziat. Man kann sie mit der Verlobungszeit von zwei Verliebten vergleichen, die sich danach sehnen, durch ihr Jawort bei der Trauung endlich miteinander verbunden zu werden. Gewöhnlich dauert das Noviziat ein Jahr. So konnte ich also hoffen, mich ab dem 11. Januar 1890 endgültig an Jesus im Karmel zu binden. In freudiger Erwartung sehnte ich mich nach diesem Tag. Da erschien am Ende meines Noviziatjahres unsere Mutter Priorin, um mich daran zu hindern, die Ablegung der Gelübde zu erbitten. Sie nahm an, der Superior würde meine Bitte bestimmt ablehnen. Sie hatte Recht! Abbé Delatroëtte hielt mich für viel zu jung für eine endgültige Bindung. Ein anderes Hindernis war die Krankheit unseres Vater. Niemand wagte es, das auszusprechen.

Ich war tief enttäuscht: Warten, warten ..., das war mein Los! Im ersten Augenblick fiel es mir **sehr** schwer, dieses große Opfer anzunehmen. Ich flüchtete mich ins Gebet. Eines Tages erkannte ich, dass in meinem Verlangen nach der Profess ein großes Stück Selbstsucht steckte. Ich hatte mich doch Jesus geschenkt, um IHM Freude zu machen, also durfte ich ihn nicht zwingen, meinen Willen zu tun! Auch musste ich mich fragen, ob ich für das so wichtige Ereignis einer endgültigen Bindung überhaupt genug vorbereitet war! Ich durfte jetzt keine Zeit mehr verlieren mit egoistischen Wünschen und mich schon gar nicht selbst bedauern, sondern ich musste mich mit Eifer auf meine Hochzeit vorbereiten. Ich sagte darum zu Jesus: *„O mein Gott, ich bitte Dich nicht, meine Gelübde ablegen zu dürfen,* ***ich werde warten, solange DU willst,*** *nur möchte ich nicht, dass durch meine Schuld meine Vereinigung mit Dir* *hinausgeschoben wird. Ich will mich eifrig bemühen, mir ein schönes, mit Edelsteinen[1] reich verziertes Hochzeitskleid zu machen; und wenn Du dann findest, dass der Schmuck reich genug ist, so bin ich sicher, dass alle Menschen zusammen Dich nicht hindern können, um mich für immer mir Dir zu vereinen, o mein Viel-Geliebter! ...*

Seit diesem Tag ließ ich mir keine noch so kleine Möglichkeit entgehen, Jesus Freude zu bereiten. Das Gemeinschaftsleben bot mir viele Gelegenheiten, Edelsteine zu sammeln.

Jesus legte mir die Sehnsucht ins Herz, nicht mehr beachtet zu werden, und das nicht nur von meinen Mitmenschen, sondern auch von mir selbst. Ich möchte in nichts mehr um mich selbst kreisen. Die Ehre meines Jesus, das ist alles, was ich wünsche; meine eigene übergebe ich ihm.

In die Zeit meines Wartens fielen die jährlichen Exerzitien unserer Klostergemeinschaft. In einem Gespräch vertraute ich unserem Exerzitienleiter Pater Blino[2] meine Hoffnung an, eine große Heilige zu werden, und dass ich Jesus so lieben wolle, wie unsere heilige Ordensmutter Teresa von Avila ihn geliebt habe. Pater Blino war von meiner Äußerung total schockiert; er fand sie stolz und anmaßend: „Mäßigen Sie Ihre Wünsche!“ - „Warum, Herr Pater? Unser Herr hat doch gesagt: ‚Seid vollkommen, wie Euer himmlischer Vater vollkommen ist!‘“ Ich wollte doch nur eines: **JESUS DEN ERSTEN PLATZ IN MEINEM LEBEN GEBEN!** Nicht mehr ich, **sondern**

---

1 Das ist ein Bild für die vielen kleinen Opfer, die sie bringen will.
2 Pater Blino war ein Mitbruder des Jesuitenpaters Pichon aus Paris.

ER sollte in mir leben! - Der Pater kannte doch das Wort Gottes viel besser als ich. Warum verstand er mich nicht?

Die Einwände unseres Exerzitienmeisters verwirrten mich keineswegs, und ich war mir auch sicher, dass ich meine Meinung nicht zu ändern brauchte. Céline verstand mich zutiefst, denn sie hatte das gleiche Verlangen. So konnte ich ihr sagen: *„Ach, Céline, unser unendliches Verlangen nach Heiligkeit ist also weder Traum noch Hirngespinst, weil Jesus selbst uns diese Weisung gibt. Du weißt, ich betrachte die Liebe des Herzens Jesu anders als die meisten Menschen. Ich denke, das Herz meines Bräutigams Jesus ist ganz mein und das meine ist ganz sein ... Ich spreche mit ihm von Herz zu Herz*[1] *bis ich ihn einmal von Angesicht zu Angesicht schauen darf.*" Wann diese glückliche Stunde sein wird, weiß Jesus allein. Jetzt kann ich sein heiliges Antlitz nur auf einem Bild anschauen, und das tue ich seit zwei Monaten täglich. Das Gesicht des Herrn zeigt deutliche Spuren der Geißelung, seine Augen sind gesenkt. Die biblischen Texte der Fastenzeit, in der wir gerade stehen, sind mir wie ein Schlüssel zu diesem Bild. Sie zeigen mir Jesus als den leidenden Gottesknecht:

„Viele haben sich über ihn entsetzt, so entstellt sah er aus, nicht mehr wie ein Mensch ... [Er war] ein Mann voller Schmerzen, mit Krankheit vertraut. Wie einer, vor dem man das Gesicht verhüllt, war er verachtet ..."[2]

---

1 Therese liebte das persönliche Gespräch mit Jesus und tat sich schwer mit fest formulierten Gebeten.
2 Buch Jesaja 52,14 und 53,3.

Das Heiligste Antlitz Christi (gemalt von Céline im Jahre 1905)

Die Worte des Propheten Jesaja warfen auch ein Licht auf die schrecklichen Prüfungen unseres verbannten, einsamen Vaters. Einige Gedanken darüber teilte ich Céline in einem Brief mit:

„... Papa! Ach, Céline, ich kann Dir nicht alles sagen, was ich denke ... Jesus hat uns das bestausgesuchte Kreuz geschickt, das er in seiner unermesslichen Liebe fand ... Wie sollten wir uns beklagen, da Papa Jesus so ähnlich geworden ist. Auch sein Antlitz ist vor den Menschen entstellt und gedernütigt. Das ist ein Geheimnis der Liebe Gottes, das wir mit unserem Verstand niemals durchdringen können. Wir sind Waisen geworden, liebe Céline, aber wir können in Liebe beten: ‚Vater unser im Himmel!' Ja, er ist und bleibt **UNSER ALLER VATER!**"

Nach achtmonatiger Verlängerung meines Noviziates kam endlich ein Brief von Abbé Delatroëtte. Er ließ mich wissen, dass ich jetzt ein Gesuch um die Zulassung zur Profess an den Bischof schreiben solle. Die Schwesterngemeinschaft war einverstanden. Anfang August 1890 schickte Bischof Hugonin seine Zustimmung.

Dem Brauch entsprechend wurde die Profess zweimal gefeiert. Die erste Feier fand am 8. September 1890 innerhalb der Klausur im Kapitelsaal statt. Die zweite in Anwesenheit der Verwandten, Freunde und Bekannten - genannt „Schleierfest“[1] - am 24. September.

Vom 28. August bis 7. September 1890 bereitete ich mich durch Einzelexerzitien auf das große Fest meiner Vermählung mit Jesus vor. In diesen zehn Tagen hatte ich wirklich keinerlei erhabene Gefühle. Wie in den vorausgegangenen Exerzitien fühlte ich mich innerlich ausgetrocknet und verlassen. Jesus schien mich nicht zu hören. Bei der

---

1 Am „Schleierfest“ legt die Novizin den weißen Schleier ab und erhält als Zeichen der vollen Eingliederung in die Gemeinschaft den schwarzen Schleier.

Betrachtung[1] schlief ich fast regelmäßig ein, aber ich tröstete mich mit der Gewissheit, dass die schlafenden Kinder von ihren Eltern genauso geliebt werden wie die wachen. Sollte der liebe Gott sein schlafendes Kind[2] nicht ebenso lieben? Er kennt ja alle meine menschlichen Schwächen!

Es verging kein Exerzitientag, an dem ich nicht an meinen geliebten Vater denken musste. Für die öffentliche Feier meiner Profess hatte ich mit Céline ein Komplott geschlossen: Papa sollte von Caen kommen. Céline schlug vor, ihn wegen seines angegriffenen Zustandes erst am Ende der Feier teilnehmen zu lassen. Am Gitter des Sprechzimmers sollte er mir seinen Segen geben.

Am Vorabend meiner Profess quälten mich unbekannte Zweifel. Man kann sie mit einem Sturm vergleichen, der plötzlich über ein Land braust und alles mitreißt. Als ich den Kreuzweg betete, stellte ich meine Ordensberufung in Frage: War sie nicht eine Einbildung, ein Traum, eine Flucht …? Ich fand das Leben im Karmel trotz aller Prüfungen und Leiden sehr schön. Nun wollte mir der Teufel einreden, dass ich gar nicht ins Kloster passte und dass ich den Bischof und die Schwestern getäuscht hätte, wenn ich auf einem Weg weiterginge, zu dem ich nicht berufen war. Die Finsternis in meiner Seele war so groß, der Sturm so heftig, dass ich nichts mehr sah und nichts mehr verstand als nur das eine: „Du hast keine Berufung."

Wie sollte ich meine Ängste beschreiben, was in meiner Ausweglosigkeit tun? Wenn ich meine Ängste der Novi-

---

1 Eine Betrachtung ist das Nachdenken über ein Wort Gottes oder einen anderen religiösen Text, das zum Gespräch mit Gott führt (= Inneres Gebet).

2 Therese will vor Gott Kind sein, das heißt sich ihm ganz anvertrauen.

zenmeisterin mitgeteilt hätte - so meinte ich -, wäre ich zu den Gelübden nicht zugelassen worden. Andererseits wollte ich den Willen Gottes tun und lieber in die Welt zurückkehren als meinem Willen folgen und im Karmel bleiben. Ich entschied mich, unverzüglich zu meiner Novizenmeisterin zu gehen. Ich bat sie, aus dem Chor zu kommen, und voller Beschämung berichtete ich ihr von meinem Seelenzustand. Zum Glück sah sie die Dinge klarer als ich, und es gelang ihr, mich zu beruhigen. Durch mein offenes Bekenntnis waren alle Zweifel in einem Augenblick verschwunden.

Der darauffolgende Tag war der 8. September 1890, der Geburtstag der Gottesmutter Maria. Mein Herz war überflutet von einem Strom des Friedens. In diesem Frieden, „der alles Verstehen übersteigt“[1], gelobte ich in die Hände unserer Mutter Priorin und vor allen Schwestern, arm, gehorsam und ehelos zu leben. Meine Vereinigung mit Jesus war dadurch besiegelt. Ich fühlte mich als die KÖNIGIN des einzig wahren KÖNIGS JESUS CHRISTUS und bat ihn an diesem Tag um viele Gnaden für die Menschen. Niemanden vergaß ich. Vor allem wollte ich, dass sich an diesem Tag alle Sünder bekehrten und keine einzige Seele im „Fegefeuer“ bleiben sollte. Ich betete auch für meine ganze Familie, besonders für Papa, dass er, wenn es Gottes Wille sei, wieder gesund werden solle. Auf meinem Herzen trug ich einen kleinen Zettel, auf dem stand, was ich mir selbst erbat:

„O Jesus, mein göttlicher Bräutigam, gib, dass das Kleid meiner Taufe nie befleckt werde ...

---

1 Brief an die Phillipper 4,7.

Lass mich nur Dich suchen und nur Dich allein finden! Mögen die Geschöpfe ein Nichts für mich sein und ich nichts für sie! Möge keines der Dinge dieser Welt meinen Seelenfrieden stören!

O Jesus, ich bitte Dich nur um den Frieden! ... Um den Frieden und ganz besonders um die Liebe ohne Grenzen und Ende! ...

Hilf mir, dass ich mein Versprechen vollkommen erfülle; dass niemand mich beachtet und ich einem kleinen Sandkörnchen gleiche, über das man einfach hinweggeht ...

Ich gebe mich Dir hin, mein Viel-Geliebter, **damit Du Deinen Willen in mir vollbringen kannst.“**

Am Ende dieses herrlichen Tages legte ich meinen Brautschmuck - einen Kranz aus Rosen - zu Füßen unserer Marienstatue nieder.

Ein Fest voller Tränen

Kurz vor meinem Schleierfest verfasste ich halb im Scherz, halb im Ernst eine Hochzeitsanzeige:

**„Einladung zur Hochzeit
von Schwester Therese vom Kinde Jesus
und vom Heiligsten Antlitz:**

Gott der Allmächtige,
Schöpfer des Himmels und der Erde,
alleiniger Herrscher der Welt,
und Maria, die Königin des Himmels,
geben Ihnen die Vermählung ihres
Sohnes Jesus Christus, des Königs der Könige ...,
mit Fräulein Therese Martin bekannt.

Da wir Sie nicht zur Vermählungsfeier am
8. September 1890 einladen konnten -
nur die Schwesterngemeinschaft war zugelassen -,
werden Sie gebeten, zum Gastmahl am 24. September
zu kommen."

Mit Spannung erwartete ich das große Fest. Die Zeit bis zu diesem Tag kam mir wie eine Ewigkeit vor. Natürlich freute ich mich auch riesig auf das Wiedersehen mit Papa, Céline, Léonie und meinen übrigen Angehörigen. Es sollte doch für alle ein unvergessliches Erlebnis werden.

Dann traf mich wie ein Blitz die Nachricht, dass Onkel Isidor einer Reise Papas nach Lisieux nicht zugestimmt hatte. Die Krankheit war weiter fortgeschritten. Wie ein schwerer, dunkler Traum lag sie über ihm und unserer ganzen Familie. Wohl hätte ihn das Wiedersehen zu sehr erschüttert. Der Schmerz, auf Papas Segen zu verzichten und ihn vielleicht nie mehr wiederzusehen, durchbohrte mein Herz. In meinem Leid schrieb ich an Céline:

„Papa kommt morgen nicht. Ich gestehe Dir, ich habe geweint. Und während ich Dir jetzt schreibe, stehen die Tränen in meinen Augen, so dass ich kaum den Federhalter führen kann. Du weißt, wie ich mich danach gesehnt habe, unseren Vater wiederzusehen ... Jesus will mich als Waisenkind sehen ..."

Und dann war er endlich da, der lang ersehnte Hochzeitstag. Im letzten Augenblick musste auch Bischof Hugonin wegen Erkrankung absagen, und Pater Pichon hielt sich in Kanada auf. Außerdem kamen noch einige andere unangenehme Dinge hinzu. Alle diese Ereignisse erfüllten mein Herz mit Trauer und Bitterkeit, und ich konnte meine Tränen nicht mehr zurückhalten: Sie liefen unaufhörlich wie zwei Bäche über mein Gesicht. Niemand verstand meinen Gefühlsausbruch, nicht einmal Schwester Agnes (Pauline). Ich begegnete ihr auf dem Weg zum Chor, wo in Kürze die Zeremonie des Schleierfestes stattfinden sollte. Heftig fuhr sie mich an: „Ich begreife nicht, warum Sie weinen. Wie konnten Sie nur hoffen, unseren armen Vater zu Ihrer Feier wiederzusehen. Wenn er da wäre, hätten wir weit größere Schwierigkeiten als durch seine Abwesenheit." Das war zuviel für meine verwundete Seele. Wie man in einen Abgrund fallen kann, so stürzte ich in eine tiefe innere Einsamkeit. Dennoch wundere ich mich über den befreienden Frieden auf dem Grunde des Kelches.[1] Jesus ließ mich spüren, dass ich aus eigener Kraft nichts vermochte, nicht einmal meine Tränen zurückzuhalten.

Als ich den Chor betrat, waren alle meine Angehörigen - außer meinem geliebten Vater - in der Klosterkirche[2] versammelt. Ich kniete am Chorgitter[3] nieder, um aus der Hand des bischöflichen Stellvertreters den von ihm geweihten schwarzen Schleier zu empfangen. Unsere Mutter Priorin legte mir dann den Profess-Schleier um den Kopf und entfernte vorsichtig den weißen Novizinnen-Schleier. Diese schlichte, aber so bedeutungsvolle Zeremonie wurde von Gebeten und Braut-Gesängen der Schwesterngemeinschaft umrahmt. Sie ist ein Ausdruck

1 Therese denkt in dieser Situation an das Gebet Jesu im Garten Getsetnani am Ölberg (vgl. Matthäusevangelium 26,39).
2 Die Klosterkirche ist vom Chor der Schwester durch ein Gitter getrennt.
3 Die übrigen Schwestern konnten von der Klosterkirche aus nicht gesehen werden.

dafür, dass Gelübde keine private Angelegenheiten sind, sondern eine endgültige Bindung an Jesus Christus in seiner Kirche. Durch die Anwesenheit des Bischofs oder seines Stellvertreters werden die Gelübde offiziell besiegelt. Die Schwestern und die Angehörigen sind sozusagen die Trauzeugen.

Therese in einem Ausschnitt aus einem Gemeinschaftsfoto (15. April 1895)

Nach dieser Zeremonie hielt der Priester mit uns ein Hochamt[1]. Ich durfte es am Chorgitter mitfeiern und so in Blickkontakt mit meinen Angehörigen sein. Natürlich habe ich Papa sehr vermisst. Immer wieder waren meine Augen voller Tränen, und ich sah alles verschleiert.

Am Ende dieses wunderschönen, wenn auch tränenreichen Festes konnte ich glücklich sagen: **„CHRISTUS IST MEINE LIEBE - ER IST MEIN GANZES LEBEN!"**

Acht Tage nach meinem Schleierfest heiratete unsere Cousine Johanna Guérin. Bald daraufkam sie uns im Karmel besuchen. Ein Blinder hätte gesehen, wie sehr sie verliebt war. Mit strahlendem Gesicht erzählte sie uns von den tausend Aufmerksamkeiten, mit denen sie ihren Franz verwöhnte. Sie wollte ihm jeden Wunsch von den Augen ablesen. Ich hörte ihr aufmerksam zu und wurde belehrt, mit welchen Zärtlichkeiten eine Braut ihren Bräutigam umgeben soll, und so nahm ich mir vor, für meinen vielgeliebten Jesus nicht weniger zu tun als Johanna für ihren Franz. Von ihrem Eifer angesteckt, bemühte ich mich, mehr als zuvor in allen meinen Handlungen Jesus Freude zu bereiten. Niemand sollte es merken.

Der „abtrünnige" Priester

Der Winter 1890/91 nach meiner Profess war sehr hart. Unter der Kälte habe ich sehr gelitten, denn es wurde nur ein Raum im Kloster zum Aufwärmen geheizt. Am lieb-

---

1 Das Hochamt ist ein festlicher Gottesdienst mit lateinischen Gesängen und Weihrauch.

sten hätte ich mich den ganzen Tag hinter dem Ofen verkrochen, aber meine Pflichten ließen das nicht zu. Damals ernannte man mich zur Gehilfin der Sakristanin Schwester Stanislav. Ich half ihr beim Reinigen der Kerzen und des Weihrauchfasses und beim Herrichten der Kelch-Gefäße für die Eucharistiefeier. Diese Arbeit tat ich gern. Den Speisekelch füllen, das ist ein heiliger Dienst. Ich freute mich darüber, so eng mit dem Dienst des Priesters verbunden zu sein. Die gute alte Schwester Stanislav war erfreut darüber, dass ich meine Arbeiten sorgfältig verrichtete, ohne jedoch ein Lob an mich weiterzugeben. Nachdem ich nicht mehr im Refektorium tätig war, sah ich meine Schwester Agnes nur noch im Chor und in der allgemeinen Erholungszeit. Diese gewonnene Einsamkeit hatte ich mir ja gewünscht, um für Jesus Seelen zu retten, besonders die der Priester.

In dieser Zeit füllte ein ehemaliger Ordenspriester die Schlagzeilen der Presse. Pater Hyazinth Loyson war der Reihe nach Priester, Dominikaner-Novize, dann Karmelit und Provinzial[1] seines Ordens. Als glänzender Prediger von Notre-Dame in Paris hatte er sich einen Namen gemacht. Im Jahre 1869 verließ er die katholische Kirche, und drei Jahre später heiratete er eine Protestantin, mit der er einen Sohn hatte. 1879 gründete er die „katholisch-gallikanische Kirche“. Er stellte sich unter anderem gegen das Papsttum und den Zölibat des Priesters. Bei zahlreichen Konferenzen in ganz Frankreich verbreitete er seine liberalen Ideen. Céline schickte mir mehrere Artikel aus der Lokalzeitung „La Croix“, die ausführlich und auf-

1 Der Provinzial ist der Obere einer geistlichen Ordensprovinz (Vereinigung mehrerer Ordensniederlassungen).

reißerisch darüber berichtete. Überall sprach und schrieb man von dem „abgefallenen Mönch[1] und ließ kein gutes Haar an ihm. Darüber schrieb ich Céline:

„Ich bete für meinen Bruder. Kann Gott das, was er für den Mörder Pranzini getan hat, nicht auch an ihm tun? Lassen wir nicht nach im Gebet, das Vertrauen wirkt Wunder Ich werde bis zu meinem letzten Atemzug nicht aufhören, für ihn zu beten. Auch für Margarete-Marie[2] und ihren Mann will ich beten, damit sie im Glauben neu gefestigt wird und er zu Gott findet. Ach, Céline, vergessen wir die Seelen nicht, sondern vergessen wir uns selbst um ihretwillen. ‚Ich möchte tausend Leben hingeben, um ***eine einzige*** *Seele zu retten.‘“*[3]

Überall herrscht der Tod

Im Winter 1891/92, der nicht weniger hart als der vergangene war, stürzte sich der Tod auf unseren Karmel: Mutter Genoveva, deren Leben am Samstag, dem 5. Dezember 1891, im Alter von siebenundachtzig Jahren, nach einem harten Todeskampf erlosch, war die Gründerin unseres Karmels in Lisieux und wurde von allen Schwestern als Heilige betrachtet. Seit 1884 hatte sie große körperliche und seelische Leiden durchmachen müssen, die sie mit bewundernswerter Geduld und Opferbereitschaft ertrug.

---

1 Ihre letzte Kommunion opferte Therese am 19. August 1897 für Pater Hyazinth auf.

2 Mit Margarete-Marie ist eine Cousine der Guérins gemeint, die einen atheistischen Richter, Réne Tastain. geheiratet hatte. Therese hat die letzten achtzehn Monate ihres Lebens für ihn aufgeopfert.

3 Ein Zitat der heiligen Teresa von Avila aus ihrem Buch „Der Weg der Vollkommenheit“, Kapitel I.

Ich empfand es als eine unschätzbare Gnade, unsere heiligmäßige Mutter Genoveva gekannt zu haben. Der liebe Gott wollte, dass ich drei Jahre mit einer Schwester zusammen war, die durch ganz gewöhnliche und verborgene Taten ihr Leben geheiligt hatte. Ihr Vorbild war mir Ansporn und Hilfe für meinen eigenen Weg im Kloster.

Mehr als einmal hatte mich unsere gute Gründerin getröstet. Als ich sie an einem Samstag im Krankenzimmer besuchte, waren schon zwei Mitschwestern bei ihr. Ich sah sie lächelnd an und wollte wieder fortgehen, da es nicht erlaubt war, zu dritt bei einer Kranken zu sein. Sie sah mich an und sagte: „Töchterchen, ich möchte Ihnen nur ein Wort sagen: Dienen Sie Gott mit **Frieden** und mit **Freude;** denken Sie daran, mein Kind, **unser Gott ist der Gott des Friedens.**“ Ich dankte ihr und ging hinaus. Meine Augen füllten sich mit Tränen. Hatte der liebe Gott sie den Zustand meiner Seele spüren lassen? Gerade an jenem Tag war ich äußerst bedrückt, beinahe traurig, denn ich wusste nicht mehr, ob Gott mich noch liebte. Genau in dieser Situation sprach sie das befreiende Wort vom Gott des Friedens: **eine absolute Wahrheit, die nie täuscht!** In einem Buch der heiligen Teresa von Avila fand ich dazu eine treffende Erläuterung. Sie schreibt, dass es ganz normal sei, unter Gefühlsschwankungen zu leiden, dies sei vom Wetter, von der Gesundheit, von bestimmten Ereignissen abhängig. Einmal sind wir himmelhoch jauchzend, dann wieder zu Tode betrübt. Darum ist es unbedingt notwendig, nicht um sich selbst zu kreisen, sondern sich an die einfachen Wahrheiten zu halten: **Jesus liebt mich, ER ist mein Friede,** gleich, wie ich mich fühle. Und wenn die ganze Welt und ich selbst „auf dem Kopf steht“, wenn ich nichts mehr von dem verstehe, was in mir und um mich herum geschieht, wenn mir alles so verrückt vorkommt, dann kann ich mich an das Wort des heiligen Paulus halten: „JESUS CHRISTUS IST DERSELBE GESTERN, HEUTE UND IN EWIGKEIT“[1] Er liebt mich also immer gleich!

An dem Tag, als sich die Seele von Mutter Genoveva auf den Weg in den Himmel machte, versammelte sich die ganze Schwesterngemeinschaft um ihr Sterbelager. Ich war besonders ergriffen, denn es war das erste Mal, dass ich jemanden sterben sah. Zwei Stunden stand ich am Fußende ihres Bettes und konnte jede geringste Bewegung beobachten. Im Augenblick ihres Sterbens erfüllte mich eine unaussprechliche Freude. Es war, als hätte Mutter Genoveva mir Anteil geschenkt an der Glückseligkeit, die sie nun für immer bei Gott genießen durfte. Mit Gebeten und Gesängen begleiteten wir sie in den Himmel.

Die Nachricht vom Tod unserer Gründerin verbreitete sich rasch in Lisieux. Mir wurde die Aufgabe übertragen, die zahlreichen Blumengebinde und Kränze an ihrem Sarg zu ordnen. Schwester Vincent beobachtete mich dabei und rief tadelnd: „Sie verstehen es sehr gut, die Kränze, die von ihren Angehörigen geschickt wurden, nach vorn zu legen, während die Sträuße der Armen hinten liegen.“ Ohne Zweifel hatte sie den Strauß ihres Bruders Louis entdeckt., der damals bei der Errichtung des Gebäudes für die Pfortenschwestern mitgearbeitet hatte. Ganz ruhig erwiderte ich ihr: „Ich danke Ihnen, meine Schwester; Sie haben recht. Ich werde das Mooskreuz, das von den Arbeitern gebracht wurde, nach vorn stellen. Dort wird es einen würdigen Platz haben. Ich dachte nicht daran!“

---

1 Brief an die Hebräer 13,8.

Kaum war Mutter Genoveva beigesetzt, breitete sich in unserem Karmel eine schwere Grippe aus, die damals in ganz Frankreich wütete und viele Menschenopfer forderte. Zuerst starb die älteste Schwester unserer Kommunität am 2. Januar 1892, meinem neunzehnten Geburtstag. Zwei Tage später folgte ihr unsere Subpriorin[1]. Außer mir gab es nur noch zwei andere Schwestern, die nicht im Bett lagen. Es ist unmöglich, sich den trostlosen Zustand vorzustellen, in dem sich unser Karmel in den Tagen der Trauer befand. Die Schwerkranken wurden von jenen Mitschwestern gepflegt, die sich selbst kaum auf den Beinen halten konnten. Überall herrschte der Tod. Damals hatte ich allein die Sakristei zu versorgen, weil meine Vorgesetzte sehr schwer erkrankt war. Der liebe Gott gab mir in dieser Zeit viel Kraft, und ich war weit davon entfernt, mich von der allgemeinen Panik bedrücken zu lassen. Mit Gelassenheit verrichtete ich alle notwendigen Arbeiten. Neben der Krankenpflege hüllte ich die Toten ins Leichentuch und bereitete die Beerdigungen vor. Inmitten dieser wochenlangen Prüfung unseres Kloster schenkte Jesus mir den Trost, ihn täglich in der heiligen Kommunion empfangen zu dürfen. Mit ihm war ich stark. Ohne Angst konnte ich alle diese Dienste an den Kranken und Sterbenden verrichten.

Pater Superior Delatroëtte, der ja gegen meinen Eintritt in den Karmel gewesen und mir stets reserviert begegnet war, änderte jetzt seine Meinung. Er war überzeugt, dass ich mich in dieser schweren Zeit als „starke Frau“ bewährte.

Unsere Gemeinschaft, die um vier Ordensfrauen ärmer

---

1 Eine Subpriorin ist die stellvertretende Oberin in einem Kloster.

geworden war, erholte sich nur langsam von den schweren Schicksalsschlägen.

Eine andere große Prüfung sollte auch bald zu Ende sein: Am 10. Mai 1892 holte Onkel Isidor unseren Vater aus der Heilanstalt in Caen ab, wo er drei Jahre und drei Monate verbringen musste. Zwei Tage später, am 12. Mai, durfte Papa uns im Sprechzimmer besuchen. Vier Jahre hatten wir uns nicht mehr gesehen. Er war in seinem Wesen sehr verändert und körperlich abgemagert. An diesem Tag jedoch war er bei klarem Verstand, obwohl er mit uns nichts sprach. Unter vielen Tränen deutete er im Augenblick des Abschieds mit dem Zeigefinger nach oben und stammelte: „Im Himmel ..." („... sehen wir uns wieder!" brachte er nicht mehr heraus). Es war die letzte Begegnung mit unserem gedemütigten Vater.

Papa wurde zunächst bei den Guérins untergebracht. Im Juli 1892 bezog er dann mit Léonie und Céline eine Wohnung in der Rue Labbey. Ein Dienstmädchen unterstützte sie bei der Arbeit und der Fürsorge um Papa. Da er ohne fremde Hilfe nicht mehr gehen konnte, musste er in der Wohnung von einem Ort zum anderen geführt werden. Man durfte ihn keinen Augenblick aus den Augen lassen. Wir drei Schwestern im Karmel waren glücklich, dass Papa nun so liebevoll umsorgt wurde. Céline opferte sich ganz für ihn auf. Im Herzen dachte sie daran, auch einmal in den Karmel einzutreten, aber ihre Aufgabe hielt sie noch zurück. In dieser Zeit, und auch schon vorher, erhielt sie von verschiedenen Seiten Heiratsanträge. Würde sie ihrer Berufung folgen?

Mein Idol „Johanna von Orleans“

1894 war für ganz Frankreich ein Jubeljahr. Zwanzig Jahre lang hatte Bischof Bopanlomp von Orleans für die Heiligsprechung des Mädchens aus Lothringen gekämpft. 1869 ließ Papst Pius IX. die Vorbereitungsarbeiten in Angriff nehmen. Am 27. Januar 1894 gab Papst Leo XIII. die Erlaubnis zur Einleitung der Seligsprechung von Jeanne d'Arc. Von da an erhielt sie den Titel „Dienerin Gottes“. Man durfte sie nun verehren und offiziell zu ihr beten.

Am darauffolgenden 8. Mai fanden in ganz Frankreich große nationale Feierlichkeiten statt. Der Pfarrer von St. Peter in Lisieux plante mit einer Gruppe junger Mädchen den Schmuck für die Kirche. Céline war eines der aktiven Mitglieder. Mit unserer Cousine Marie Guérin nähte sie zwölf Fahnen von 6,50 Meter Länge, um die Kirche von außen zu schmücken. Am 8. Mai drängten sich fünftausend Menschen in die Kathedrale, um die heilige Märtyrerin mit einem feierlichen Gottesdienst zu ehren.

Unser Volk hatte nach 409 Jahren die geschichtliche Bedeutung der Jeanne d'Arc[1] für unser Land entdeckt. Der Historiker Jules Michelet hatte bereits 1841 in seinem Werk „Die Geschichte Frankreichs“ den Ruhm der Jungfrau von Orleans verherrlicht. Als die Engländer 1429 Frankreich eroberten und König Karl VIII. stürzen wollten, führte Johanna das königliche Heer an und befreite am 8. Mai die Stadt Orleans aus der Hand der Feinde. Die Engländer brachten Johanna in ihre Gewalt und lieferten

1 Papst Pius XII. ernannte Jeanne d'Arc 1944 zur zweiten Patronin Frankreichs.

sie der Inquisition[1] aus. Sie konnten Bischof Pierre Cauchon[2] auf ihre Seite ziehen und ihm einreden, sie sei mit dem Teufel im Bunde, der den Sieg herbeigeführt habe. Niemand erkannte die göttliche Berufung und Sendung dieses einfachen Hirtenmädchens. Und so wurde sie im jugendlichen Alter von neunzehn Jahren in Rouen auf dem Scheiterhaufen verbrannt. Sterbend flüsterte sie den Namen: **„JESUS“.**

Seit meiner Kindheit liebte ich Johanna wie eine leibliche Schwester. Begierig las ich von ihren Heldentaten und fühlte in meinem Herzen ein großes Verlangen, sie nachzuahmen. Ich dachte, dass auch ich für den Ruhm geboren sei. Gott ließ mich in meinem Innern ahnen, dass mein Ruhm vor den Menschen verborgen bleiben werde. Er solle einzig darin bestehen, eine große Heilige zu werden! Ich fühlte mich im Herzen tief verwandt mit der neunzehnjährigen Märtyrerin und wollte wie sie kämpfen!

Es war mein Wunsch, auch im Karmel auf unsere Weise an den Festen zu Ehren von Johanna teilzunehmen. Die gemeinsamen Erholungszeiten unserer Gemeinschaft schienen mir dafür geeignet, den Schwestern Gedichte und Lieder vorzutragen, die ich über mein großes Vorbild verfasst hatte. Außerdem schrieb ich zwei Theaterstücke, eines

---

1 Inquisition (lat. Untersuchung), ehemals in der katholischen Kirche das geistliche Gericht zum Aufsuchen und Bestrafen der Ketzer. Außer rein kirchlichen Strafen wie Auferlegung von guten Werken gab es zahlreiche leibliche Strafen, die von der weltlich-staatlichen Obrigkeit vollstreckt wurden: körperliche Züchtigungen, Kerker, Feuertod.

2 Von 1432 bis 1442 war Pierre Cauchon Bischof von Bayeux und Lisieux. Sein Sarg wurde 1931 in der Sakramentskapelle der Kathedrale St. Peter in Lisieux entdeckt, wo Therese als Mädchen die Werktagsmesse mitfeierte.

über „Die Berufung der Jeanne d'Arc“, das andere über „Die Erfüllung ihrer Sendung“. Ihr Sterben und ihre Verherrlichung im Himmel bildeten den krönenden Abschluss. Um möglichst nahe am geschichtlichen Hintergrund zu bleiben, studierte ich genau das fünfhundertfünfzig Seiten umfassende Buch von Henri Wallon[1]. Ich löste mich von den allgemein üblichen Darstellungen und legte der Gestalt von Johanna mein eigenes Ideal als Karmelitin zugrunde. Im ersten Stück beschrieb ich sie als ein schwaches und ängstliches Kind, das sich von der Einsamkeit angezogen fühlte, vom Schweigen, von der Vertrautheit mit Maria und einer innigen Liebe zu Jesus. In einem Traumbild sieht es den Erzengel Michael, der ihm ein Schwert geben will. Nach langem Widerstreben nimmt das zutiefst erschrockene Mädchen das Kampfwerkzeug an und folgt dem Befehl: „Du musst aufbrechen!". Dem inneren Ruf folgend, wird sie ins Schloss von Chinon geführt, um dort den König zu treffen und mit ihm die bedrohliche Lage für ihn und das Königreich Frankreich zu besprechen. Sie sieht[2] ganz klar, was zu tun ist.

Am 21. Januar 1894, am ersten Namenstag von Mutter Agnes als Priorin[3], führte ich mit einigen jungen Schwestern das Stück auf. Selbst spielte ich die Rolle der Johanna und fühlte mich vollkommen identisch mit ihr.

---

1 Als Geschichtswissenschaftler und Abgeordneter setzte Henri Wallon sich dafür ein. dass die Nationalversammlung das Gesetz billigte, den 8. Mai zum Nationalfeiertag zu Ehren von Jeanne d'Arc zu erklären.

2 „Man sieht nur mit dem Herzen gut, das Wesentliche ist für die Augen unsichtbar“ (Antoine de Saint-Exupery).

3 Am 20. Februar 1893 ist Schwester Agnes von Jesus (Pauline) von der Gemeinschaft für drei Jahre zur neuen Priorin gewählt worden. Therese war als dritte aus einer Familie nicht stimmberechtigt.

Im Laufe des Sommers 1894 schrieb ich das zweite Stück. Es zeigt Johanna als eine mutige und starke Frau, die bereit ist, zur Rettung ihres Königs und seines Reiches ihr Leben einzusetzen. Tapfer wie ein Krieger zieht sie dem königlichen Heer voran. Alle folgten ihren klaren Anweisungen. Der Sieg gegen die Feinde ist gewiss! Orleans ist erobert, König Karl VIII. wird zum König gesalbt, das Königreich Frankreich ist gerettet. Dann folgt die große Bedrängnis, Verhöre, Einsamkeit, Unverstandensein und schließlich die Hinrichtung auf dem Scheiterhaufen. Es war ein Sterben aus Liebe! Am Ende des Stückes wird Johanna im Himmel mit einem Kranz aus weißen Rosen gekrönt.

Unsere kleine Theatergruppe bereitete ich einige Monate für die Aufführung am 21. Januar 1895 vor. Wir scheuten keine Mühe bei der Herstellung von Kostümen und anderen Utensilien: Schild, Schwert, Fahne, Schmuck, Perücken, Scheiterhaufen und so weiter.

Als der große Tag kam, schlüpfte ich nicht nur in die Rolle meiner geliebten Schwester, ich war identisch mit ihr. Die Rolle war mir auf Leib und Seele zugeschnitten. Vielleicht wird es am deutlichsten durch einen Vergleich zwischen uns beiden:

Johanna war ein schwaches, ängstliches Kind.
Auch ich war schwach und ängstlich; davon habe ich ja schon ausführlich berichtet.

Johanna lebte mit Gott verbunden und konnte darum seinen inneren Ruf wahrnehmen.
Auch mir schenkte Gott schon als Kind diese Gnade.

Johanna folgte gehorsam ihrer Berufung, König und Land aus der Gewalt der Feinde zu retten.
Ich bin dem Ruf Gottes in den Karmel gefolgt, um für meinen König Jesus Christus zahllose Seelen zu retten, die in der Gewalt des Teufels sind.

Johanna war bereit, Leib und Leben für ihre Berufung hinzugeben.
Ich möchte tausend Leben sterben, um eine einzige Seele für den Himmel zu retten.

Johanna kämpfte auf einem Kriegsschauplatz.
Ich will auf dem Schlachtfeld der Liebe kämpfen. Ja!
ICH WILL GOTT LIEBEN WIE EIN KLEINES KIND! ICH WILL KÄMPFEN WIE EIN TAPFERER KRIEGER!

Johanna geriet nach ihrem Sieg in die Gewalt ihrer Feinde und wurde in einem Gefängnis eingesperrt.
Ich bin eine Gefangene meines Jesus und habe mich freiwillig einsperren lassen hinter den Mauern und Gittern des Karmels.

Johanna musste viele Verhöre über sich ergehen lassen.
Ich werde von den zahllosen Fragen meiner Mitschwestern gequält, die eifersüchtig in mein verborgenes Innenleben eindringen wollen.

Johanna wurde auf dem Scheiterhaufen verbrannt.[1]
Ich möchte ein *BRANDOPFER DER BARMHERZIGEN LIEBE GOTTES* sein!

---

1 Papst Pius XI. sprach Jeanne d'Arc im Jahre 1920 heilig.

Therese in der Rolle von Jeanne d'Arc im Gefängnis

Unser Theaterstück kam bei den Schwestern gut an, sie schenkten uns viel Beifall und lobende Worte. Natürlich freuten wir uns darüber, aber mein Glück war mehr als vergängliche Bewunderung. Meine Mitschwestern ahnten nicht, dass ich mich mit Johanna identifizierte und ein Stück meines eigenen Lebens gespielt hatte.

Das Kleeblatt ist vollständig

Mit niemandem sprach ich über meinen noch unerfüllten großen Wunsch, dass doch auch Céline in unseren Karmel eintreten möge. Ich legte ihn ganz in die Hände Gottes und vertraute ihm die Zukunft meiner Schwester an. Und wenn sie bis ans Ende der Welt fortziehen würde, nur sollte sie, wie ihre Schwestern, eine Braut Christi werden.

Céline war allerlei „Gefahren" ausgesetzt, denn die Guérins

führten ein reges gesellschaftliches Leben. Sie luden sie oft zu ihren glänzenden Empfängen ein in der stillen Hoffnung, dass sie eines Tages die „große Liebe“ entdeckte. Einige Männer hätten sie „auf der Stelle“ geheiratet. Als sie wieder einmal zu einer Abendgesellschaft eingeladen war, geschah etwas Unerklärliches. Nachdem ihr Kavalier Céline zum Tanzen aufgefordert hatte, war es ihm nicht möglich, sie auch nur einen Schritt zu führen. Es blieb ihm nichts anderes übrig, als sie mitten durch den Tanzsaal wieder an ihren Platz zu bringen. Der junge Mann war so verwirrt, dass er fluchtartig den Saal verließ und an diesem Abend nicht mehr auftauchte. Diese Begebenheit war für mich ein Zeichen, dass Gott seine Hand auf Céline gelegt hatte und ihr sagen wollte: **„Du gehörst mir!“**

In der Zeit des inneren Ringens um ihre Berufung führte ich mit Céline einen intensiven Briefwechsel. Sie brauchte dringend Rat, Ermutigung und die Erfahrung: Da ist jemand, der mich versteht und dem ich mich anvertrauen kann. Ihre Briefe verrieten mir ihr Fragen und Suchen nach dem Willen Gottes.

Céline war wirklich hin- und hergerissen. Unsere Verwandten hätten sie am liebsten verheiratet. Pater Pichon hatte auch schon seine Pläne für sie. Aktiv und dynamisch, wie meine Schwester war, sah er in ihr bereits die Leiterin einer Missionsstation in Kanada.

Von Schloss La Musse aus, wo Céline ihre Ferien verbrachte, schrieb sie mir hilfesuchende Briefe. Ihr innerer Zustand war gekennzeichnet von Finsternis und Zerrissenheit. Ich war überzeugt, dass der Platz von Céline bei uns im Karmel war. Zugleich aber wusste ich, dass Pater

Superior sich gegen einen Eintritt einer vierten Schwester aus der Martin-Familie entscheiden würde.

Einschneidende Veränderungen brachten zusätzliche Belastungen für Céline. Léonie verabschiedete sich wieder einmal vom Rest der Familie, um einen neuen Versuch des Ordenslebens zu wagen. Unsere Cousine Marie Guérin unternahm konkrete Schritte, um in den Karmel von Lisieux einzutreten. Papa wurde nach Schloss La Musse gebracht. Die Ruhe und Schönheit der Natur bekamen ihm besser als die Stadt. Voller Schmerz schrieb Céline: „Niemand gibt es mehr auf der Welt; die Leere hat sich rings um mich ausgebreitet. Ich komme mir vor wie das letzte Wrack der Familie ... Oh! das Leben ist so traurig, so traurig!!“

In dieser für Céline so trostlosen Situation schrieb ich ihr folgenden Brief:

„Meine liebe Céline!

Es überrascht mich nicht, dass Du nichts von dem verstehst, was in Deiner Seele geschieht. Könnte ein kleines Kind, das ganz allein in einem Schifflein auf den stürmischen Wellen des Meeres treibt, wissen, ob es dem Hafen nah oder fern ist? Solange seine Augen das Ufer noch erblicken können, von dem es abgefahren ist, weiß es, welchen Weg es zurückgelegt hat. Sieht es das Land nicht mehr, meint es voll Freude, bald am Ziel seiner Fahrt zu sein. Je weiter es sich aber vom Ufer entfernt, desto unermesslicher erscheint ihm das Meer; es weiß nicht mehr, wohin sein Schifflein fährt. Auch weiß es nicht, wie und in welche Richtung es das Steuerrad führen muss. Darum kann das Kind nur eines tun: sich vom Wind[1] *treiben lassen ..., auch wenn es nicht weiß, ob es vorwärts oder rückwärts treibt...*

Meine Céline, Du bist dieses kleine Kind, das jetzt auf dem offenen Meer treibt. Das Schifflein, das Dich trägt, steuert mit vollen Segeln dem Hafen[2] *zu. Du bist nicht allein! Jesus ist da, schlafend wie einst im Schiff der Fischer auf dem See Genezareth*[3] *Er schläft ... und Du siehst ihn nicht, denn die Nacht*[4] *ist über das Schifflein hereingebrochen ... Die Apostel haben Jesus ein Kissen zum Ausruhen gegeben,*[5] *aber im Schifflein seiner geliebten Braut Céline findet Jesus ein viel weicheres Kissen:* ***Dein Herz!*** *Oh, wie glücklich ist Jesus!*

Sei überzeugt, meine liebe Céline, dass Du dem Hafen vielleicht schon ganz nahe bist... Der Wind, der Dein Schifflein vorwärts treibt, ist schneller als der Blitz ...

Deine kleine Schwester Therese vom Kinde Jesus und vom Hl. Antlitz"

Der Gesundheitszustand von Papa verschlimmerte sich erneut; häufig wurde er bewusstlos. Auguste, die Hausgehilfin, verfiel mehr und mehr dem Alkohol, was für Céline eine weitere Sorge bedeutete. Die Guérins holten Papa zurück nach Lisieux und nahmen ihn zu sich.

Am Sonntag, den 27. Mai 1894, erlitt er einen so heftigen

---

1 Das Wort „Wind" ist eine Anspielung auf den Heiligen Geist, dessen Führung sich Céline überlassen soll.
2 Mit dem Hafen meint Therese den Karmel.
3 Vgl. Markusevangelium 4.38.
4 „Nacht"ist eine Anspielung auf die innere Dunkelheit von Céline.
5 Vgl. Markusevangelium 4.38.

Schlaganfall, dass sein linker Arm lahmte. Papa empfing das Sakrament der Krankensalbung. Am 5. Juni kam eine Herzkrise hinzu. Dennoch transportierten sie ihn am 4. Juli noch einmal nach La Müsse in der Hoffnung, dass ihm das gute Klima Erleichterung bringe. Doch der liebe Gott erlöste ihn am 29. Juli 1894 von allen seinen Leiden. Céline war in der Stunde seines Sterbens bei ihm und konnte uns berichten: „Sein Blick war voll Leben, Dankbarkeit und Zärtlichkeit. Für einen Augenblick fand ich meinen geliebten Vater so, wie er fünf Jahre zuvor gewesen war ..."

Die Beerdigung fand am 2. August in Lisieux statt. So vollendete Gott das schreckliche Martyrium unseres Vaters.

In den folgenden Wochen meditierte ich viel über das Leben und den Tod meines unvergesslichen Vaters. Erst Ende August schrieb ich an Céline: „Welche Freude, nach einem fünf Jahre dauernden Sterben ihn als den Gleichen wiederzufinden. Er ist wie früher darauf bedacht, uns Freude zu machen." Und an Léonie: „Papas Tod macht auf mich nicht den Eindruck eines Todes, sondern eines wirklichen Lebens. Nach sechsjähriger Abwesenheit finde ich ihn wieder. Ich fühle, wie er um mich herum ist, mich anschaut und mich beschützt."

Der Tod Papas befreite Céline von dem inneren Zwiespalt, den sie seit zwei Jahren gehütet hatte: Sollte sie sich für ein aktives Leben in Kanada oder für ein verborgenes Leben[1] im Karmel von Lisieux entscheiden? Als Céline uns ihren inneren Zwiespalt mitteilte, weinte ich so sehr, dass ich Kopfschmerzen bekam. In einem Brief an Pater

1 Das verborgene Leben im Karmel schließt jede äußere Tätigkeit aus.

Pichon teilte ich ihm in aller Klarheit mit: „Die Berufung von Céline bereitet mir nicht den geringsten Zweifel: Ihr Platz ist im Karmel!“ Und an Céline schrieb ich: „Ich habe um Deinetwegen viel gelitten, dass ich hoffe, kein Hindernis für Deine Berufung zu sein. Ist unsere Liebe nicht wie das Gold im Feuerofen geläutert worden?“

Céline entschied sich für den Karmel! Und schon folgten neue Kämpfe! Am 8. August 1894 schrieb Céline an Abbe Delatroëtte, er solle sie wenigstens als Laienschwester[1] zulassen. In seiner Antwort teilte er Céline mit, dass der Eintritt einer vierten leiblichen Schwester mit der Ordensregel nicht vereinbar sei. Mutter Maria von Gonzaga legte sich mit dem ganzen Gewicht ihres Ansehens für Céline ins Zeug. Aber da war noch der Widerstand einer Mitschwester, die sich der Stärkung des „Clans Martin” entschieden widersetzte. Sie meinte: „Eine Künstlerin sei ohnehin für die Gemeinschaft unnütz.“ In der Verwandtschaft bekam Céline erbitterte Einwände zu hören, und auch Onkel Isidor zögerte, sein Jawort zu geben.

Nach diesen Prüfungen fügte sich plötzlich alles. Pater Pichon kapitulierte und schrieb: „Ich zweifle nicht an der Berufung Célines für den Karmel. Ich zögere nicht mehr. Der Wille Gottes scheint mir deutlich.“ Auch Abbé Delatroëtte und Bischof Hugonin gaben ihre Zustimmung. Der Eintritt Célines sollte am 14. September 1894, am Tag des Festes Kreuzerhöhung, erfolgen. Im letzten Augenblick brach Gott auch den Widerstand der Mitschwester. In meinem Beisein gab sie vor Mutter Agnes

---

1 Die Laienschwestern hielten den Kontakt zur Außenwelt im Bereich der Klosterpforte; sie nahmen nicht am Chorgebet der Gemeinschaft teil.

die Erklärung ab: „Ich habe nichts gegen den Eintritt einer vierten Schwester Martin!"

So ist über alle Hoffnung hinaus einer meiner größten Wünsche erfüllt worden. Jetzt hatte ich nur noch den einen Wunsch, Jesus bis zur Torheit zu lieben. *JA, ES IST DIE LIEBE ALLEIN, DIE MICH ANZIEHT!*

Nach sechs Jahren Trennung gab es am 14. September ein stürmisches Wiedersehen mit Céline. Sie war inzwischen fünfundzwanzig Jahre alt. Nachdem sie unseren Vater gepflegt, den Haushalt geführt und zwei Heiratsanträge abgelehnt hatte, war sie sehr selbständig geworden. Ihr Drang nach Freiheit und die bisher selbständige Lebensführung erschwerten ihr das Einleben in den strengen Tagesablauf des Ordenslebens. Als begabte junge Frau war sie Schülerin des bekannten Malers Krug gewesen und hatte sich leidenschaftlich mit der neuen Technik, der Fotografie, beschäftigt. Die Mutter Priorin erlaubte ihr, den riesigen Fotoapparat mit allem Material zum Entwickeln in den Karmel mitzubringen. Bei Festen, Professfeiern und Erholungsstunden durfte sie fotografieren.

Bei der zweiten Theateraufführung über Jeanne d'Arc gehörte Céline schon zu unserer Klostergemeinschaft. Die gut gelungenen Fotos waren eine Bereicherung für unsere Klosterchronik.

Ich half Céline, schrittweise in das Ordensleben hineinzuwachsen. Es fiel ihr schwer, beim Gehen durch die Klostergänge die Augen nicht neugierig umherschauen zu lassen; sich fortzubewegen, ohne einmal rennen zu dürfen; eine unfreundliche Bemerkung zu ertragen, ohne darauf zu antworten; eine ungerechte Beschuldigung hinzunehmen, ohne sich zu verteidigen; soviel schweigen zu müssen und immer zu gehorchen ... Manchmal seufzte sie mutlos: „Niemals werde ich das alles schaffen ...“ Immer wieder ermutigte ich sie, nicht aufzugeben; denn Gott schaut nicht auf unsere Leistung, sondern auf unseren guten Willen. **Unser einziges ZIEL muss sein, GOTT FREUDE zu MACHEN!**

Familienfoto - unten: Marie Guérin; Mitte: links Pauline, rechts Therese: oben: links Marie, rechts Céline

Die größte Entdeckung meines Lebens

Mehr als sechs Jahre war ich nun schon Karmelitin, Ende 1894 schaute ich auf diese Zeit zurück. Ich hatte viel gelitten und gekämpft, um Gott Freude zu machen und so auf dem Weg der Heiligkeit voranzukommen. Aber wenn ich mich mit den großen Heiligen verglich (zum Beispiel mit Paulus, Franziskus, Augustinus, Teresa von Avila, Johannes vom Kreuz), deren Lebensbeschreibungen bei den Mahlzeiten oder beim Stundengebet im Chor vorgelesen wurden, erkannte ich klar: Den Weg, den diese gegangen sind, kann ich nicht gehen. Ich kann keine strengen Bußwerke verrichten, nicht in die Wüste gehen wie die Einsiedler, keine gelehrten Bücher schreiben wie die Kirchenlehrer, auch nicht in die Heidenländer ziehen, um dort das Evangelium zu verkünden. *Wenn ich mich mit den Heiligen verglich, stellte ich fest, dass zwischen ihnen und mir derselbe Unterschied besteht wie zwischen einem Berg, dessen Gipfel in die Wolken ragt, und einem Sandkörnchen, das von den Menschen nicht beachtet wird.*

Es war mir sonnenklar, dass ich zu keinen großen Taten fähig war. Aber das machte mich nicht mutlos, vielmehr sagte ich mir: „Wenn es Gottes Wille ist, dass **alle** Menschen heilig werden und in den Himmel kommen sollen, dann muss es auch einen für alle gangbaren Weg geben." Ich bin klein und schwach; ich kann mich ja unmöglich größer und stärker machen, als ich bin, sondern muss mich annehmen, so wie ich bin, mit meinen zahllosen Unvollkommenheiten und mit meiner Mittelmäßigkeit in der Erfüllung der alltäglichen Pflichten. Wie schnell bin ich innerlich „auf hundert", ungeduldig mit mir und den Mitschwestern ..., wie langsam und ungeschickt bei den Arbeiten in Haus und Garten ..., und beim stillen Gebet im

Chor schlafe ich meistens ein ... Gerade darum musste ich einen ganz kleinen, einen recht geraden, einen recht kurzen, einen ganz einfachen, neuen kleinen Weg finden, um zur vollkommenen Liebe zu gelangen. Es **sollte ein Weg für alle sein!** Ich betete und dachte viel nach.

Eines Tages erinnerte ich mich an ein Erlebnis während unserer Italien-Reise. In den vornehmen Hotels hatte man sich schon dem technischen Fortschritt des ausgehenden 19. Jahrhunderts angepasst und einen Aufzug einbauen lassen. Für Céline und mich war es damals ein herrliches Vergnügen, uns mit den Aufzügen in die Höhe tragen zu lassen; in kurzer Zeit befanden wir uns auf dem höchsten Punkt der Gebäude. Diese Erfahrung brachte mich auf die Idee: Könnte es nicht ein ähnliches Mittel geben, um schnell zum Gipfel der Heiligkeit zu gelangen?

In meinem Suchen nach solch einer Möglichkeit forschte ich wieder im „Buch aller Bücher" - in meiner geliebten Bibel. Und eines Tages machte ich die größte Entdeckung meines Lebens. Im Buch der Sprüche fand ich die Worte Gottes: *„Ist jemand ganz klein, dann komme er zu mir!"*[1] **Dieses ganz Kleine** - das bin ich selbst. Was tut Gott mit dem ganz Kleinen, der mit Vertrauen zu ihm kommt? Die Antwort gab er mir durch die Worte des Propheten Jesaja: „Wie eine Mutter ihr Kind liebhat, so will ich euch trösten; an meiner Brust will ich euch tragen und auf meinen Knien wiegen." Ich hatte meinen *Aufzug* gefunden: Die *Arme* Jesu werden mich auf den Gipfel der Heiligkeit tragen. Ich brauche Jesus nur mit LIEBE und VERTRAUEN entgegenzulaufen, so wie ein Kind, das dem Vater entgegenläuft, wenn er von der Arbeit nach Hause kommt.

---

1 Buch der Sprüche 9.4.

Ich war außer mir vor Freude über diese wichtige und größte Entdeckung meines Lebens. Am liebsten wäre ich laut juchzend durchs Kloster gerannt. Mein Herz sprudelte über vor Dankbarkeit: *„Mein Gott, wie groß ist Deine Liebe und Barmherzigkeit. Du hast meine Erwartungen weit übertroffen, und ich will Deine Erbarmungen ewig besingen."* Jetzt verstand ich auch die Worte unseres Ordensvaters Johannes vom Kreuz: *„LIEBE WIRD NUR DURCH LIEBE VERGOLTEN",* nicht durch Leistung. Ja, es ist eine wunderbare Wahrheit: ***LIEBE ZIEHT LIEBE AN!*** „Du weißt es, Jesus, dass ich nie etwas anderes verlangt habe, als Dich allein zu lieben ... - Du selbst hast mich auf die Spur meines Weges geführt. Ich nannte ihn den **„KLEINEN WEG"** oder auch den **„Einfachen Weg",** nicht weil er ein geringer und unbedeutender Weg war, sondern weil er kein besonderes Wissen und Können voraussetzte, außer die Bereitschaft des Herzens, Gott und die Menschen ZU LIEBEN. Es ist der Weg, den alle gehen können: die Gesunden und die Kranken, die Kinder und die Erwachsenen, die Frohen und die Glücklichen, die Traurigen und jene, die von tausend Sorgen niedergedrückt werden und nicht mit Riesenschritten Gott entgegeneilen können. Doch darf der „Kleine Weg" nicht als schlauer Seitenpfad für opferscheue Menschen betrachtet werden., die auf möglichst bequeme Weise in den Himmel kommen wollen.

Auf dem „Kleinen Weg[4]" geschehen keine außergewöhnlichen und auffälligen Taten, man steht darum auch nicht im Rampenlicht, erntet kein Lob und wird niemals in der Zeitung stehen. Auf dem „Kleinen Weg" ragt nichts aus dem Rahmen des gewöhnlichen Menschenlebens heraus. Nur eines ist unbedingt notwendig: eine **große, starke** und

treue Liebe, mit der man seine alltäglichen Pflichten erfüllt, ganz gleich, wo man hingestellt ist: ob in der Schule oder am Arbeitsplatz, ob am Kochtopf oder im Stall, ob man den Kranken dient oder selbst krank darniederliegt ... Auf dem „Kleinen Weg" ist es nicht entscheidend, ob man eine Stecknadel vom Boden aufhebt oder einen goldenen Dom baut. Gott schaut nicht auf die Größe unserer Taten, sondern nur auf die Liebe, mit der sie verrichtet werden. Darum wählte ich mir zum Motto meines Lebens:

NUR DIE LIEBE ZÄHLT!

Der Klosteralltag bot mir unzählige Möglichkeiten, tagtäglich die Liebe auf dem „Kleinen Weg[4]" einzuüben. Diese Übung war nie abgeschlossen, sie würde bis zum letzten Atemzug fortdauern. Mit dem Geweckt werden am frühen Morgen begann mein „Kleiner Weg". Wie gern wollte ich mich manchmal auf die andere Seite legen und weiterschlafen oder wenigstens noch ein paar Minuten liegen bleiben. Nein, das erlaubte ich mir nicht, denn das pünktliche Erscheinen beim Stundengebet mit der Gemeinschaft war wichtiger. Außerdem wartete eine alte Mitschwester darauf, dass ich sie ohne Hetze in den Chor führte.

Gebet und heilige Messe waren für mich die Quellen, aus denen ich Freude und Kraft schöpfte, um dann den Tag mit den tausend Gelegenheiten zum liebevollen Handeln bestehen zu können. Es wäre ein Irrtum zu denken, auf dem „Kleinen Weg" ginge alles wie von selbst. Ich erinnere mich noch an drei Begebenheiten, die mich viel Überwindung kosteten und von denen ich hier berichten will:

□ In unserer Kommunität gab es eine Schwester, die das Talent hatte, mir in allem, was sie sagte oder tat, zu missfallen. Ihre Worte, ihre Manieren, ihr Charakter, alles an ihr regte mich maßlos auf. Ich sagte mir: „Sie ist gewiss eine gute Klosterfrau, die dem lieben Gott sehr angenehm ist." So wollte ich der natürlichen Antipathie, die ich ihr gegenüber empfand, nicht nachgeben. Die Liebe darf ja nicht nur aus Gefühlen bestehen, sondern muss sich besonders in Taten bewähren. Also bemühte ich mich, für diese Schwester zu tun, was ich für den mir liebsten Menschen getan hätte. Jedesmal, wenn ich ihr begegnete, betete ich für sie und zählte Jesus alle guten Eigenschaften meiner Mitschwester auf. Ich war überzeugt, dass Jesus sich darüber freute, denn es gibt keinen Künstler, der nicht gern Lob für seine Werke empfängt. Jesus, der Künstler der Seelen, ist glücklich, wenn man nicht beim Äußeren eines Menschen stehenbleibt, sondern die Schönheit seiner Seele bewundert.

Ich gab mich nicht damit zufrieden, viel für die Schwester zu beten, die mir soviel innere Kämpfe bereitete, sondern ich suchte nach Gelegenheiten, ihr alle möglichen Dienste zu leisten. Wenn ich in Versuchung kam, ihr einmal ihre unangenehme Art vorzuwerfen, rang ich mich dazu durch, ihr mein liebenswürdigstes Lächeln zu zeigen. Eines Tages fragte sie mich in der Erholungszeit: „Schwester Therese vom Kinde Jesus, würden Sie mir sagen, was Sie so sehr zu mir hinzieht! Jedesmal, wenn Sie mich anblicken, sehe ich Sie lächeln.“ Was mich anzog, war Jesus, verborgen auf dem Grund ihrer Seele. Darum konnte ich ihr guten Gewissens entgegnen: „Ich lächle, weil ich froh bin, Sie zu sehen.“ Selbstverständlich fügte ich nicht hinzu, wie ich das meinte.

□ Eines Abends, während des großen Stillschweigens nach dem Abendgebet, bekam ich den Auftrag, eine

Nachtlampe für unerwartete Gäste herzurichten. Nichts war vorbereitet, ich musste mir selbst Öl und Docht zusammensuchen. Meine Mitschwestern hatten sich in ihre Zellen zurückgezogen und genossen eine Stunde Freizeit. Ich dagegen hatte schwer mit mir zu kämpfen. Innerlich murrte ich über die Leute und die Umstände und war böse auf die Pfortenschwester, die mich in meiner Erholungszeit arbeiten ließ. Sie hätte sich die Lampe doch selbst herrichten können!

Doch plötzlich erhellte ein inneres Licht meine düsteren Gedanken: Ich stellte mir vor, ich diene der heiligen Familie in Nazaret und richte die Lampe für das Jesuskind her. Deshalb legte ich soviel Liebe in mein Tun, dass ich anschließend ganz beschwingt und voll Freude die Lampe zur Pforte trug. Seit damals wandte ich dieses Mittel bei vielen Konflikten an, und es half mir wunderbar.

□ Es war Waschtag im Winter. Das Wasser war eisig kalt, und die Hände wurden steif vom Frost. Ich musste beim Wäschewaschen aushelfen. Eine Mitschwester patschte „ohne Rücksicht auf Verluste" drauflos. Sie merkte gar nicht, dass sie mir unentwegt das kalte, schmutzige Wasser ins Gesicht und auf mein Kleid spritzte. Was hätte ich tun sollen? - Fortlaufen? Der Mitschwester die Meinung sagen? Ihr ebenfalls das Waschwasser ins Gesicht patschen? Mir auffällig das Gesicht abtrocknen? Das alles hätte die Schwester vor den anderen bloßgestellt. So hütete ich mich, mir die Verärgerung anmerken zu lassen. In dieser Situation konnte ich nur eines tun: mich innerlich zu Jesus flüchten. Nur mit ihm zusammen konnte ich das ertragen.

Die Kommunität beim Wäschewaschen (19. April 1895). Therese ist die dritte von links.

Diese Erlebnisse führten mich zu der wichtigen Erkenntnis: Statt aus der Haut zu fahren, muss ich mich von Situation zu Situation in Jesus flüchten. Er hat uns das Gleichnis vom Weinstock und den Reben[1] gegeben: Jesus ist der Weinstock, wir Getauften sind die Reben. In der Verbun-

1 Vgl. Johannesevangelium 15,1-8.

denheit mit ihm werden wir zu guten Früchten reifen. Nur über die Reben kann Jesus, der Weinstock, die Früchte der Liebe an die Welt verschenken: Liebe, Friede, Freude, Langmut, Freundlichkeit, Güte, Treue, Sanftmut und Beherrschung. Es ist wirklich eine Illusion zu meinen, das klösterliche Zusammenleben sei ein Kinderspiel. Ich denke, das ist aus meinem Erzählen schon deutlich geworden. Die Mitmenschen zu lieben ohne Jesus ist genauso unmöglich, wie die Sonne in der Nacht scheinen zu lassen. Je mehr ich mit Jesus **eins** war, desto inniger konnte ich alle Menschen lieben. Das Klosterleben war täglich neu mein Trainingslager der Liebe, in dem ich viele Runden auf dem „Kleinen Weg" laufen konnte.

Wäre ich noch Schülerin gewesen, hätte ich meinen „Kleinen Weg" darin gesehen, im Unterricht aufzupassen, mitzuarbeiten, meine Hausaufgaben sorgfältig zu machen, hilfsbereit und kameradschaftlich gegenüber meinen Mitschülerinnen[1] zu sein … Als Hausfrau und Mutter hätte ich mit großer Liebe die unzähligen kleinen Dienste für meine Lieben verrichtet, um Mann und Kindern ein Heim zu bieten. Ich hätte mir die Zeit genommen, ihre Freuden und Kümmernisse anzuhören und sie zu trösten.

Es war wirklich ein „Abenteuer der Liebe", sich jeden Tag neu auf den „Kleinen Weg" zu machen, weil man nicht wusste, was alles auf einen zukam. Nicht immer war ich in Hochform. Es konnte sein, dass ich manchmal alles mit Schwung und Freude anging und mich am nächsten Tag träge und freudlos fühlte. Dann wollte ich mich am liebsten in meiner Zelle einsperren, ins Bett legen, die Decke über die Ohren ziehen, nichts mehr hören, nichts mehr se-

1 Zur Zeit Thereses gab es noch keine gemischten Klassen.

hen. Wie gut kannte ich doch diesen Zustand! Für mich gab es dann nur ein Hilfsmittel: Weg **von mir, hin** zu Jesus!

Wenn mir etwas schwerfiel, sagte ich - wenn es sein musste hundertmal an einem Tag: „FÜR DICH, JESUS!“ Dann wandte ich mich der Aufgabe zu, die ich gerade zu erfüllen hatte. Oft durfte ich erfahren, wie nach diesem kleinen Schritt Liebe und Freude in mein Herz einzogen und das Bedürfnis, mich selbst zu vergessen, um anderen Freude zu bereiten, und von da an war ich glücklich.

Ich wurde mit der Zeit immer unabhängiger von meinen Gefühlen und ganz befreit von dem Druck, unter dem so viele Menschen leiden, etwas Großes, Greifbares und Sichtbares leisten zu wollen, um darin Selbstbestätigung und Anerkennung zu finden. Das ist wie ein Gefängnis, in dem man die Freude an Gott und am Leben verliert. Unsicherheit und Angst werden die ständigen Begleiter, und man wird für sich selbst und andere zur Qual. Das hatte ich zehn Jahre an mir selbst erlebt.

Der „Kleine Weg“ hat mich in die innere Freiheit geführt. Viele Menschen verstehen unter Freiheit: „Ich will tun und lassen, was ich will - mich nach allen Seiten hin ausleben.” Auf diesem Irrweg geraten manche in die Abhängigkeit von Alkohol und Drogen, von negativen Freundschaften und Sex. **NUR DIE LIEBE MACHT UNS WIRKLICH FREI!** In diesem Sinne verstand ich die Worte des heiligen Paulus, wenn er von der „Freiheit der Kinder Gottes“ spricht.

Der „Kleine Weg“ ist auch ein apostolischer Weg. So wie die Apostel auf ihren Missionsreisen die Menschen für die frohe Botschaft vom Reich Gottes begeisterten und sich

Tausende taufen ließen, so wollte ich durch die vielen kleinen Opfer[1] Seelen zu Gott führen, die ihn ewig lieben werden.

Natürlich kann man auf dem „Kleinen Weg“ auch fallen, das heißt treulos, nachlässig oder faul in der Pflichterfüllung sein, vor den Aufgaben flüchten, stachelig wie ein Kaktus sein gegenüber den Mitmenschen und so weiter. - Ich war keineswegs unglücklich, wenn ich mich schwach, unvollkommen und fehlerhaft erlebte und die Mitschwestern das auch an mir entdeckten. Eine Mutter liebt ihr Kind nicht weniger, wenn es in den Dreck gefallen ist und sie es von Kopf bis Fuß waschen und neu anziehen muss. Warum sollte Jesus mich weniger lieben, wenn ich mich *schmutzig* gemacht, das heißt gesündigt habe? Ich möchte meine Fehler dadurch wiedergutmachen, indem ich sie in den „Feuerofen der Barmherzigen Liebe Gottes“[2] werfe. Dort verdunsten sie wie ein Wassertropfen auf der heißen Ofenplatte. Froh kann ich dann meinen Weg weitergehen und brauche nicht mehr auf meine Fehler zu schauen. Im Grunde des Herzens bleibt nichts zurück als tiefer Friede.

Aus Liebe leben

Meine Cousine Maria Guérin schrieb mir eines Tages einen hilfesuchenden Brief. Sie wollte wissen, wie sie, die

---

1 „Die vielen kleinen Opfer” aus der Sicht Thereses: Gott auf dem „Kleinen Weg“ alles schenken, was ihr schwerfällt, zu tun, zu lassen oder anzunehmen.

2 Aus einem von Therese verfassten Morgengebet (siehe in „Gebete der Liebe”, Verlag Neue Stadt München). Mit „Feuerofen“ meint Therese das Herz Jesu.

draußen im Leben stand, heilig werden konnte. „Ich kenne nur ein Mittel“, antwortete ich ihr, „DIE LIEBE! - Ja, lieben wir, denn dazu ist unser Herz geschaffen.“

Wie schön und sicher ist der „Kleine Weg“ der Liebe! Jesus lehrt mich, alles aus Liebe zu tun, ihm nichts zu verweigern, jede noch so kleine Gelegenheit zu nutzen, IHM meine Liebe zu schenken. ***Das allerkleinste Werk, das allerheimlichste, das aus Liebe geschieht, ist oft mehr wert als die großen Taten. Nicht der Wert, nicht einmal offensichtliche Heiligkeit einer Handlung zählen, sondern nur die Liebe, die darin liegt.*** Im Evangelium finde ich das bestätigt. Es ist mir immer wieder LICHT auf meinem Weg und schenkt mir den Blick für das Kleine.

Es war während der gemeinsamen Erholung: Mit zwei Glockenzeichen rief uns die Pfortenschwester, die große Pforte zu öffnen, weil Weihnachtsbäume für die Krippe hereingebracht werden sollten. Es wäre mir recht gewesen, wenn man mich geschickt hätte ... Ich hatte den Gedanken noch nicht ausgedacht, als die Mutter Superiorin mich oder die Schwester, die neben mir saß, bat, die Pforte zu öffnen. Sogleich begann ich, meine Schürze loszubinden, aber langsam genug, damit meine Mitschwester sie vor mir ablegen konnte. Durch mein absichtliches Zögern wollte ich meiner Nachbarin zu einer kleinen Freude verhelfen. Aber man muss nicht unbedingt im Kloster leben, um anderen den Vortritt zu lassen. Überall, wo gedrängelt wird, ist dazu Gelegenheit.

Am Faschingsdienstag 1895 betete ich vor dem ausgesetzten Allerheiligsten[1]. Meine Gedanken und mein Herz

1 Jesus wird im Zeichen des Brotes in der Monstranz (= Schaugefäß) auf den Altar gestellt.

waren ganz erfüllt davon, Jesus auf jede mir mögliche Weise zu lieben. Ganz spontan schrieb ich alle meine Gedanken auf. Ungewollt entstand daraus ein Gedicht von fünfzehn Strophen. Die letzte drückt meine tiefe Sehnsucht aus: *„Aus Liebe sterben, das ist meine Hoffnung. SEINE LIEBE soll mein Herz in Brand setzen. Ich will IHN schauen, um mich für immer mit IHM zu vereinen. Das ist mein Himmel..., das ist meine Bestimmung: AUS LIEBE LEBEN!!!“*[1]

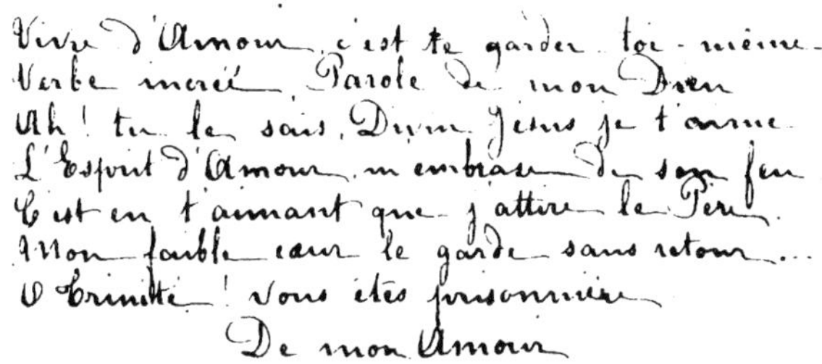
Vivre d'Amour, c'est te garder toi-même
Verbe incréé, Parole de mon Dieu
Ah ! tu le sais, Divin Jésus je t'aime
L'Esprit d'Amour m'embrase de son feu
C'est en t'aimant que j'attire le Père.
Mon faible cœur le garde sans retour...
O Trinité ! vous êtes prisonnière
De mon Amour

Handschrift Thereses: erste Strophe des Gedichtes ..Aus Liebe leben”

Ich weihe mich der Erbarmenden Liebe Gottes

Der 9. Juni 1895 war der Heiligsten Dreifaltigkeit geweiht. Während des Festgottesdienstes stieg eine plötzliche Inspiration[2] in mir hoch, ich solle mich der Erbarmenden Liebe Gottes als Ganz-Brandopfer weihen. Es war eine starke Überzeugung, die mich nicht mehr losließ. Kaum hatten wir die Kapelle verlassen, zog ich Schwester Genoveva[3] zur Seite, um sie in mein Vorhaben einzuwei-

1 Das ganze Gedicht ist veröffentlicht in "Gedichte der heiligen Theresia von Lisieux“. Paulinus Verlag, Trier.

2 Inspiration ist eine göttliche Eingebung, die Eingebung des Heiligen Geistes.

3 Schwester Genoveva war ihre leibliche Schwester Céline.

hen. Doch zuerst musste ich Mutter Agnes um Erlaubnis bitten. Sie hatte ihren Kopf gerade mit anderen Sorgen voll. Ohne meinem Anliegen Bedeutung beizumessen, gab sie uns im Vorübergehen die Erlaubnis, miteinander zu sprechen und das Vorhaben auszuführen.

Wie früher in den Buissonnets im Belvedere fanden wir auch im Kloster einen verborgenen Winkel, um ungestört miteinander sprechen zu können. Um Céline für mein Vorhaben zu gewinnen, musste ich ihr zuerst den Hintergrund deutlich machen. Das gesamte französische Christentum, unser Karmel eingeschlossen, stand damals unter dem Einfluss des Jansenismus. Die Furcht vor einem Gott, der jede Sünde bestraft, erschreckte die gläubigen Menschen. Manche, vor allem Ordensleute, boten sich der Gerechtigkeit Gottes an, indem sie strenge Bußwerke auf sich nahmen ... Sie glaubten, dadurch die Strafen Gottes von den Sündern abzuwenden. Auch in unserem Kloster gab es zwei inzwischen verstorbene Schwestern, die sich in diesem Sinne Gott als Opfer angeboten hatten. Diese Aufopferung erschien mir zwar groß und hochherzig, doch ich fühlte mich nicht aufgefordert, das gleiche zu tun. Ich wollte mich nicht der Gerechtigkeit, sondern der ERBARMENDEN LIEBE GOTTES aufopfern. Céline hatte verstanden und wollte sich meinem Vorhaben anschließen.

Ich verfasste ein Weihegebet an die Erbarmende Liebe Gottes. Am 11. Juni 1895 kniete ich mit meiner Schwester Genoveva vor der Statue der „Jungfrau vom Lächeln" und sprach in unser beider Namen das Hingabegebet[1]. Céline

---

1 Der Text des Weihegebetes ist nachzulesen in den „Selbstbiographischen Schriften", Johannes Verlag Einsiedeln.

ahnte nicht im Geringsten, welche Bedeutung diese Aufopferung für mich hatte. Ich wollte ***ALLES FÜR ALLES*** geben, das heißt, Gott hatte mir alles geschenkt - SICH SELBST! Jesus, der sein Leben für mich hingegeben hat, IHM möchte ich auch alles schenken, ***MICH SELBST! LIEBEN, DASS HEISST ALLES SCHENKEN UND SICH SELBST DAZU. LIEBE UM LIEBE!***

Mit dem Psalmisten möchte ich singen: „Wie GUT ist der Herr, und seine BARMHERZIGKEIT währt ewig."[1] Ich denke, wenn das alle Menschen erkennen würden, so würde der liebe Gott von niemandem gefürchtet, wohl aber bis zum Wahnsinn geliebt ... Und **aus Liebe,** nicht aus Angst, würde keine Seele jemals mehr freiwillig sündigen. Aber Gott weiß, wie schwach wir sind. Darum hat Jesus uns die Geschichte vom „barmherzigen Vater und vom verlorenen Sohn" erzählt. Der unendlich gerechte Gott hat dem verlorenen Sohn alle seine Sünden mit soviel Güte vergeben. Sollte er nicht auch mir und allen anderen gegenüber so gerecht sein? DIE ERBARMENDE LIEBE - DAS IST DIE GERECHTIGKEIT GOTTES!

Ein Husten, der kein Ende nehmen will

Still und unauffällig ging ich meinen „Kleinen Weg" weiter. Seit längerer Zeit reizten mich der Staub beim Kehren, der Dienst beim Geschirrspülen und das Wäschewaschen immer häufiger zum Husten. Das Halsweh hörte nicht auf, und ich spürte Schmerzen in der Brust. Der Hausarzt unseres Klosters versuchte „dies und das", aber

---

1 Vgl. Psalm 117.

seine Bemühungen hatten keine wesentliche Besserung zur Folge. Meine Geschwister und Angehörigen machten sich Sorgen um meine Gesundheit. Mich dagegen brachte das nicht aus dem Gleichgewicht. Ich beschäftigte mich lieber mit meinen Aufgaben als mit meiner Gesundheit.

Meine Aufmerksamkeit und Liebe galt einer Mitschwester, die von der ganzen Gemeinschaft sehr gefürchtet wurde. Durch ihre heftigen Wutausbrüche wollte niemand mehr mit ihr in der Wäscheabteilung zusammenarbeiten. Dadurch wurde sie immer mehr isoliert. Ich bot mich freiwillig zu diesem Dienst an. Bei der Beschäftigung mit der armen Schwester entdeckte ich, was schwesterliche Liebe wirklich ist. Wir müssen einander lieben, wie Jesus seine Jünger geliebt hat, die sehr unterschiedliche Charaktere waren. Niemand darf von unserer Liebe ausgeschlossen sein. Durch häufiges Zulächeln und kleine freundschaftliche Briefe versuchte ich, meine Mitschwester der Isolation zu entreißen.

Die Kommunität während der Erholungszeit in der Kastanienallee des Klostergartens (20. April 1895). Therese steht hinten links.

Nach dem langen und harten Winter 1895/96 freuten wir uns alle auf den Frühling und das Osterfest. Am Gründonnerstagabend, 3. April, war ich bis Mitternacht im Chor geblieben, um zu beten, in Erinnerung an die Ölbergnacht unseres Herrn. Doch kaum hatte ich mich schlafen gelegt, stieg plötzlich eine kochende Flut bis zu meinen Lippen empor. Schnell presste ich mein Taschentuch an den Mund. Da ich die Öllampe schon ausgeblasen hatte, wartete ich bis zum nächsten Morgen, um festzustellen, was ich erbrochen hatte. „Wenn es Blut ist“, dachte ich, „werde ich vielleicht an diesem Karfreitag mit Jesus sterben.“ Nein, ich hatte keine Angst, sondern war glücklich bei dem Gedanken, Jesus immer ähnlicher zu werden. Dann schlief ich ein. Der Morgen ließ nicht lange auf sich warten. Um 5.45 Uhr wurden wir mit einer Holzrassel geweckt. Als ich den Fensterladen öffnete, bestätigte sich meine Vermutung: Mein Taschentuch war voll von Blut. Der Bräutigam kündigte sich an. Warum sollte ich mich vor DEM fürchten, der sein Leben für mich hingegeben und mir einen Platz im Himmel bereitet hat?!

Wie an jedem Karfreitag hielt unsere Mutter Priorin nach dem Stundengebet für die Gemeinschaft einen Vortrag über die schwesterliche Liebe. Danach baten wir einander um Verzeihung. Als ich an die Reihe kam, umarmte ich Mutter Maria von Gonzaga und berichtete ihr von dem nächtlichen Vorfall. Ich versicherte ihr, dass ich nicht litt und darum auch keine Ausnahmen benötigte. Nur noch die beiden Krankenschwestern erhielten die vertrauliche Mitteilung von meinem Blutbrechen, Mutter Agnes erfuhr nichts davon.

Wie es am Karfreitag üblich war, fastete ich und ging meiner Arbeit nach. Ich hatte die Scheiben der Türen im

Kreuzgang zu reinigen, leider inmitten der Zugluft. Die Hoffnung, in den Himmel zu gehen, ließ mir aber alles leicht vorkommen.

In der folgenden Nacht erhielt ich noch einmal das gleiche Zeichen, dass mein Eintritt ins Ewige Leben nicht mehr fern sei ... *Mein Glaube war so lebendig und klar, dass der Gedanke an den Himmel mich total glücklich machte. Ich konnte mir nicht vorstellen, dass es Menschen gibt, die keinen Glauben haben. Sprachen sie nicht gegen ihre bessere Erkenntnis, wenn sie die Existenz des Himmels leugneten - des schönen Himmels, wo Gott selbst ihr ewiger Lohn sein wird?*

Das zweite Alarmzeichen beunruhigte Mutter Maria von Gonzaga und noch mehr die Krankenschwestern. Nicht der Hausarzt, sondern mein angeheirateter Cousin, Dr. La Néele, wurde gerufen, um mich zu untersuchen. Das war eine belustigende Angelegenheit. Er musste nämlich seinen Kopf durch das enge Gitter im Sprechzimmer zwängen, um mich - natürlich durch das Ordenskleid hindurch - abhören zu können. Da musste man schon wirklich gute Ohren haben. Er hörte verständlicherweise nichts - stellte nur eine Drüsenschwellung fest und vermutete, die Blutung könne von einem Gefäßriss in der Kehle herrühren. Ich musste dann einige Zeit eine Arznei schlucken, inhalieren und mich mit Kampferöl einreiben, aber ich machte mir keinerlei Illusionen über die Wirkkraft dieser Medizin. Meine Freude blieb ungetrübt: „Bald darf ich Jesus sehen, der mich liebt und den ich liebe."

Unermessliche Wünsche

Mein gesundheitlicher Zustand bereitete mir keinerlei Kummer. Ganz im Gegenteil, ich fühlte mich innerlich stark und unternehmungslustig. In meinem Herzen trug ich grenzenlose Wünsche, die niemand hätte messen können. Es mag verrückt klingen, wenn ich jetzt noch einmal von meiner Berufung spreche. Hatte Gott nicht alle meine Wünsche erfüllt? *Ich war* ***Karmelitin, Braut*** *Jesu Christi und durch meine Verbundenheit mit ihm* **Mutter** *der Seelen. Sollte mir das nicht genügen ...? Gewiss, diese drei Vorrechte waren meine Berufung, aber ich fühlte noch andere Berufungen in mir - die zum KRIEGER, zum PRIESTER, zum APOSTEL, zum KIRCHENLEHRER, zum MÄRTYRER; kurz, ich spürte den Wunsch, für Jesus die heroischsten Werke allesamt zu vollbringen ... Ich spürte in meiner Seele den Mut eines Kreuzfahrers, eines päpstlichen Soldaten[1]; zur Verteidigung der Kirche wäre ich gerne bereit gewesen, auf dem Schlachtfeld zu sterben ...*

Aus ganzem Herzen betete ich : „Jesus, meine Liebe, mein Leben ..., wie sind diese Gegensätze in mir vereinbar? Wie kann ich diese Wünsche meiner armen kleinen Seele verwirklichen? *Trotz meiner Kleinheit möchte ich die Seelen erleuchten, wie die Propheten und die Kirchenlehrer es taten. Ich möchte wie die Apostel die Welt durcheilen, deinen Namen verkünden und dein KREUZ als BAUM DES LEBENS in die Heidenländer einpflanzen. Aber eine einzige Mission wäre mir zu wenig; in allen fünf Erdteilen möchte ich das Evangelium verkünden, bis in den letzten Winkel dieser Welt... Ich möchte nicht nur für*

---

1 Anspielung auf die Sehweizergarde des Papstes (siehe auch die Anmerkung auf Seite 97).

ein paar Jahre Missionar sein, sondern bis ans Ende der Zeiten. Als Märtyrerin möchte ich mein Blut für dich vergießen bis zum letzten Tropfen ... Jesus, mein Viel-Geliebter[1] Erlöser, wollte ich alle meine Wünsche niederschreiben, ich müsste mir dein „Buch des Lebens“ ausleihen, in dem die Taten aller Heiligen aufgeschrieben sind, und diese Taten möchte ich für dich vollbracht haben ... Mein Jesus! Was antwortest du mir nun auf alle meine Torheiten? ... Du weißt, es gibt keine kleinere, ohnmächtigere Seele als die meine ...

Ich nahm meine Bibel und schlug die Briefe des heiligen Paulus auf, um irgendeine Antwort zu suchen. Spontan fiel mir das zwölfte Kapitel des ersten Korintherbriefes in die Hände. Darin las ich, dass nicht alle zugleich Apostel, Propheten, Kirchenlehrer und so weiter sein können, dass die **KIRCHE - der LEIB CHRISTI** - sich aus verschiedenen Gliedern zusammensetzt und dass das Auge nicht zugleich Hand, das Ohr nicht zugleich Auge, der Fuß nicht zugleich Hand sein können. Die Antwort war klar, befriedigte mich aber noch nicht. Also las ich im dreizehnten Kapitel[2] weiter. Gleich in den ersten Versen wurde ich belehrt:

„Wenn ich in den Sprachen der Menschen und Engel redete, hätte aber die Liebe nicht, wäre ich dröhnendes Erz oder eine lärmende Pauke.
Und wenn ich prophetisch reden könnte und alle Geheimnisse wüsste und alle Erkenntnis hätte; wenn ich alle Glaubenskraft besäße und Berge damit versetzen könnte, hätte aber die Liebe nicht, wäre ich nichts.

---

1 Schreibweise Thereses (siehe auch zum Beispiel Seite 126).
2 „Das Hohelied der Liebe“ (erster Brief an die Korinther 13,1-13).

Und wenn ich meine ganz Habe verschenkte, und wenn ich meinen Leib dem Feuer übergäbe, hätte aber die Liebe nicht, nützte es mir nichts.
Die Liebe ist langmütig, die Liebe ist gütig. Sie ereifert sich nicht, sie prahlt nicht ...
[Sie] sucht nicht ihren Vorteil, lässt sich nicht zum Zorn reizen, trägt das Böse nicht nach.
Sie freut sich nicht über das Unrecht, sondern freut sich an der Wahrheit.
Sie erträgt alles, glaubt alles, hofft alles, hält allem stand.
Die Liebe hört niemals auf ..."

„Das Hohelied der Liebe" des heiligen Paulus gab mir den Schlüssel zu meiner Berufung und bestätigte meinen „Kleinen Weg der Liebe". *Ich begriff: Wenn die Kirche mit einem Leib verglichen wird, der aus verschiedenen Gliedern besteht, dann darf auch das Notwendigste von allem nicht fehlen; ich begriff,* ***dass die Kirche ein HERZ hat und dass dieses HERZ vor LIEBE BRENNT.*** *Ich erkannte: So wie das Herz, durch den Blutkreislauf alle am Leib befindlichen Glieder in Bewegung setzt, so muss die LIEBE die Glieder der Kirche in Tätigkeit setzen; denn würde die Liebe im Herzen der Kirche erlöschen, so würden die Priester das Evangelium nicht mehr verkünden, die verfolgten Christen sich weigern, für ihren Glauben an Christus ins Gefängnis zu gehen ...* ***Ich begriff, dass die LIEBE ALLE BERUFUNGEN IN SICH SCHLIESST; DASS DIE LIEBE ALLES IST; DASS SIE ALLE ZEITEN UND ORTE UMSPANNT... MIT EINEM WORT: DASS SIE EWIG IST!*** *... Da rief ich in meiner überschäumenden Freude aus: „Jesus, meine Liebe ... endlich habe ich meine Berufung gefunden:* ***MEINE BERUFUNG IST DIE LIEBE!*** *Ja, ich habe meinen Platz in der*

Kirche gefunden, und diesen Platz hast DU, mein Gott, mir geschenkt ***... IM HERZEN DER KIRCHE, MEINER MUTTER, WERDE ICH DIE LIEBE SEIN ... SO WERDE ICH ALLES SEIN*** *... so wird mein Traum Wirklichkeit werden!!!*

Jesus, ich bin zu klein, um Großes zu tun, und meine Verrücktheit besteht darin zu hoffen, dass du mich so annimmst, wie ich bin. *Ich habe kein anderes Mittel dir meine Liebe zu beweisen, als Blumen zu streuen, das heißt, ich will mir kein einziges kleines Opfer entgehen lassen, keinen Blick, kein Wort, keine noch so belanglose Handlung ..., und sie aus Liebe tun ... Aus Liebe will ich leiden und aus Liebe sogar mich freuen. Das sind meine Blumen für dich, und ich bin bereit, sie mitten aus den Dornen*[1] *zu pflücken.*

Jesus, ich liebe dich, ich liebe die Kirche, meine Mutter, und ich bin überzeugt davon, dass „die geringste Regung REINER LIEBE ihr mehr nützt als alle anderen Werke zusammengenommen.“[2]

In der Nacht des Glaubens

Ich hatte meine Berufung gefunden, und mein Herz jubelte vor Freude. Ganz plötzlich jedoch verschwand diese Freude auf brutale Weise. In der so lichterfüllten Osterzeit (1896) wurde es in meiner Seele dunkelste Nacht. Der Ge-

---

1 Dornen sind für Therese ein Zeichen für alles, was ihr schwerfällt zutun.

2 Therese verwendet hier ein Zitat des heiligen Johannes vom Kreuz aus seinem Buch „Geistlicher Gesang“.

danke an den Himmel, der mich so glücklich gemacht hatte, wurde mir zum Gegenstand qualvollen Kampfes. Ich fühlte vor mir eine Mauer, die bis zum Himmel emporragte. Ich hatte mich darauf gefreut, aus Liebe zu sterben, nun aber peinigten mich finstere Gedanken. Eine innere Stimme verhöhnte mich und rief mir zu: „Du träumst von Licht, von einer wunderschönen Heimat; du träumst davon, auf ewig bei Gott zu sein; du glaubst, du könntest den Nebeln, die dich nichts mehr erkennen lassen, eines Tages entfliehen! Geh nur weiter! Geh nur weiter! Freue dich auf den Tod, der dir nicht geben wird, was du erhoffst, sondern eine noch tiefere Nacht: die Nacht des Nichts!"

Diese Prüfung dauerte nicht nur ein paar Tage, Wochen oder Monate, ich wartete unendlich lange auf die Stunde meiner Befreiung. Es ist mir unmöglich auszudrücken, was ich empfand.

Man muss selbst durch diesen dunklen Tunnel gegangen sein, um dessen Finsternis zu begreifen. In Gedichten und Liedern, die ich für meine Mitschwestern als kleine Geschenke zu ihren persönlichen Festtagen geschrieben hatte, konnte ich meine innere Not zum Teil ausdrücken:

„*Ohne Halt gehalten,*
ohne Licht und ganz in den Finsternissen
schreite ich voran und verzehre mich
in Liebe.
Mein Himmel besteht darin,
jenem Gott zuzulächeln,
den ich anbete,
wenn er sich verbergen will,
um meinen Glauben auf die Probe zu stellen."

Die Schwestern ahnten nicht, dass die Verse meinen persönlichen Leidensweg verbargen. Durch diese Glaubensprüfung erkannte ich, dass es Menschen ohne Glauben und ohne einen Funken Hoffnung gibt, die ihr Leben einzig und allein auf den Materialismus bauen. Ihre Gedanken drangen nun auch in meine Welt. „Eines Tages, wenn die Wissenschaft immer neue Fortschritte gemacht hat, wird man alles natürlich erklären; man wird die absolute Erkenntnis haben von allem, was existiert und jetzt noch unerklärlich zu sein scheint ... Es bleibt noch vieles zu entdecken ..."

Unzählige Male sagte ich dem lieben Gott, dass ich trotz all dieser gottlosen Gedanken an IHN allein glaube. Ich bat Jesus um Verzeihung für alle meine ungläubigen Schwestern und Brüder[1], und ich sagte ihm, dass ich bereit sei, so lange mit ihnen an einem Tisch zu sitzen[2], bis auch der letzte in sein lichtvolles Reich gefunden habe. *In ihrer aller Namen betete ich: „Erbarme Dich unser, Herr denn wir sind arme Sünder! Lass doch alle, die sich von der Fackel des Glaubens nicht erleuchten lassen, Dich endlich finden. Gerne will ich für sie die Glaubensnacht durchleiden. Die einzige Gnade, die ich von Dir erbitte, ist, Dich nie zu beleidigen!...*"

Im Innersten meines Herzens ist trotz aller Dunkelheit die Sehnsucht nach dem „Land des Lichtes und des Frie-

---

1 Therese kannte ihre ungläubigen Zeitgenossen nicht: Karl Marx († 1883); Friedrich Nietzsche, der im Jahr ihres Klostereintritts 1888 sein Buch „Der Antichrist" veröffentlichte; Ernest Renan, der im Jahr ihrer Profess 1890 „Die Zukunft der Wissenschaft" schrieb.

2 Therese solidarisierte sich mit den Gottesleugnern und wollte sie durch Gebet und Annahme der seelischen und körperlichen Leiden für den Himmel retten.

dens“, in dem Jesus Christus als König herrscht in Ewigkeit. So wie Christoph Kolumbus[1] die Existenz einer neuen Welt erahnte, als noch niemand sonst daran dachte, so fühlte ich, dass eines Tages eine andere Welt meine ständige Heimat sein würde.

Aber auch diese hoffnungsvollen Gedanken verschwanden in der Finsternis. Wenn ich versuchte, mich mit den Gedanken an das ewige Leben bei Gott aufzubauen, verdoppelte sich meine innere Qual, denn sofort stellten sich die gottlosen Gedanken dagegen und machten alles zunichte. Gott möge mir verzeihen. Er weiß, dass ich mir Mühe gab, den Glauben auf dem „Kleinen Weg“ der Liebe zu leben, obwohl ich keinerlei Freude mehr dabei empfand. Ohne Übertreibung kann ich sagen, dass ich innerhalb eines Jahres mehr Glaubensschritte unternommen habe, als je zuvor in meinem Leben.

Wenn der böse Feind mich zum Kampf gegen den Glauben herausforderte, drehte ich meinem Gegner den Rücken zu und eilte im Gebet zu Jesus. Ich versicherte ihm, dass ich bereit sei, bis zum letzten Blutstropfen Zeugnis für die Existenz des Himmels abzulegen. Wenn ich auch nichts von diesem schönen Himmel in mir spürte, so konnte ich gerade diese Trostlosigkeit Jesus schenken und ihn bitten, den armen Ungläubigen den Himmel zu öffnen. Wenn ich das Glück des Himmels, den ewigen Besitz Gottes, in meinen Gedichten besungen hatte, so empfand ich darüber nicht die geringste Freude, denn ich besang ja nur, was ich glauben wollte.

---

1 Im Speisesaal des Klosters war eine Kolumbus-Biographie gelesen worden.

Mit großer Dankbarkeit gegenüber Gott möchte ich bekennen, dass er mir dieses schwere Kreuz erst in dem Augenblick geschickt hatte, als ich die innere Kraft hatte, es zu tragen. Ich glaube, früher hätte es mich mutlos gemacht.

Es hinderte mich jetzt nichts mehr daran, dieses irdische Leben zu verlassen, denn ich hatte keine großen Wünsche mehr außer den einen: So zu lieben, dass ich vor Liebe sterben konnte. Ich hatte jetzt keine Sorgen mehr, nicht einmal mehr der Klostergemeinschaft durch Krankheit zur Last zu fallen. Ich war ganz frei geworden. Nein, ich fürchtete den Kampf nicht, denn: „Der Herr ist der Fels, auf dem ich stehe. Er lehrt mich zu kämpfen. Er ist mein Schild, auf ihn vertraue ich.“[1] Auf den Türpfosten meiner Zelle schrieb ich in Augenhöhe: *„JESUS IST MEINE EINZIGE LIEBE.“*

Aufbruch in die weite Welt?

Es war Ende Mai 1896, als mich Mutter Maria von Gonzaga in ihr Amtszimmer rief. Mein Herz schlug sehr heftig, denn noch nie zuvor hatte mich unsere Mutter Priorin so offiziell zu sich gerufen. Hatte ich in ihren Augen irgend etwas Unrechtes getan? Mir fiel beim besten Willen nichts ein. In dem Gespräch eröffnete mir die Priorin, dass sie mir einen jungen Missionar von sechsundzwanzig Jahren anvertrauen wollte. Abbé Adolf Roulland sollte am 28. Juni 1896 die Priesterweihe empfangen und dann nach China entsandt werden.

---

1 Vgl. Psalm 144,1-2.

Die Missionsberufe sprossen damals wie Pilze aus dem Boden. Viele junge Menschen in unserem Land ließen sich von dem missionarischen Eifer anstecken, der den kolonialen Eroberungen folgte. Es gab Berufungen im Überfluss.

Da ich bereits einen geistlichen Bruder (Abbé Bellière) hatte, für den ich viel betete und opferte, fühlte ich mich mit der Sorge für einen zweiten überfordert. Ich erklärte Mutter Maria von Gonzaga, dass es in unserer Gemeinschaft noch andere Schwestern gäbe, die diese Aufgabe sicher gern übernehmen würden. Sie jedoch wies alle meine Einwände zurück - ich musste gehorchen!

Zwei leibliche Brüder hatte der liebe Gott uns genommen, nun stellte er mir zwei Missionare als Brüder zur Seite. Wie unsere Ordensmutter Teresa von Avila wollte ich Tochter der Kirche sein. Sie hat uns gelehrt: „Das Gebet einer Karmelitin soll die ganze Welt umfassen.“

Am 3. Juli 1896 kam der Neupriester Pater Adolf zu uns in den Karmel, um mit der ganzen Kommunität seine erste heilige Messe zu feiern. Anschließend durfte ich im Sprechzimmer mit ihm ein Gespräch führen. Etwas verlegen schenkte ich ihm eine selbstgemalte Palla[1].

Bald nach unserer Begegnung reiste er mit dem Schiff nach Ostchina, um in Su-Tchuen seine Missionstätigkeit zu beginnen. An meinem Arbeitsplatz hängte ich eine Karte dieser Gegend auf, um seine lange Reise verfolgen zu können. Nach Marseille schrieb ich ihm folgende Zeilen:

---

1 Eine Palla ist eine quadratische Platte aus Karton, mit Stoff bezogen, bemalt oder bestickt, zum Abdecken des Kelches.

„Behüt Sie Gott, mein Bruder ... Die Entfernung wird unsere Seelen nie trennen können. Sogar der Tod wird unsere Verbundenheit noch inniger gestalten. Wenn ich bald in den Himmel komme, bitte ich Jesus, Sie in Su-Tchuen besuchen zu dürfen, und wir werden unser Apostolat gemeinsam fortsetzen.“

Durch den regen Briefwechsel mit beiden Priesterbrüdern wuchs in mir das missionarische Verlangen. Die Gründung eines Karmelitinnenklosters in Indochina war seit längerer Zeit Gespräch unseres Konventes. Die Gerüchte über Christenverfolgungen bremsten jedoch die Verwirklichung unseres Vorhabens.

Nachdem sich mein Gesundheitszustand in den Sommermonaten 1896 wesentlich gebessert hatte, träumte ich erneut von einem Missionskarmel in der stillen Hoffnung, dort für Jesus als Märtyrerin zu sterben. Tatsächlich sprach man im November in der Gemeinschaft von meiner möglichen Ausreise nach Tongking in Indochina. Mit Begeisterung verschlang ich das Buch „Die Seele eines Missionars“; Pater Adolf Roulland hatte es mir aus China geschickt. Um zu beweisen, dass ich für das geplante Unternehmen stark genug sei, versäumte ich keine einzige gemeinschaftliche Übung. Sogar an der nächtlichen Lesehore[1] nahm ich teil. Um aber Gottes Willen für meinen weiteren Weg zu erkennen, betete die Schwesterngemeinschaft eine Novene zu dem jungen Märtyrer Theophan Venard, der 1861 in Tongking enthauptet worden war. Seine Jugend, seine Fröhlichkeit, die Liebe zu seiner Familie, sein Sterben, das alles begeisterte mich. Ich ver-

1 Die Lesehore ist ein Teil des kirchlichen Stundengebetes mit längeren Lesungen.

traute fest auf seine Fürbitte und sah mich im Geist schon in Tongking. Doch mitten in der Novene bekam ich Hustenanfälle, und mein Gesundheitszustand verschlechterte sich erheblich.

Im Winter 1896 brachte mir unsere Mutter Priorin einen Fußwärmer. Scherzend sagte ich zu einer Mitschwester: „Das ist doch eine verkehrte Welt! Die Heiligen sind mit ihren Bußwerkzeugen in den Himmel eingetreten, und ich werde mit einem Fußwärmer eintreten.“

In der folgenden Zeit musste ich allerlei unangenehme und sehr schmerzhafte Behandlungen über mich ergehen lassen. So wurde mir ein großes, sogenanntes Zugpflaster auf den Rücken geklebt, das den Infekt aus dem Körper herausziehen sollte. Morgens vor 7 Uhr musste mir Schwester Genoveva den Körper mit einem Handschuh aus Rosshaar massieren, wodurch die Durchblutung gefördert werden sollte. Erschöpft durch all die gut gemeinte Pflege, konnte ich an einem Dezembertag 1896 meine Zelle nicht mehr verlassen. Doch sobald ich einigermaßen wieder auf den Füßen stehen konnte, schleppte ich mich zur heiligen Messe in den Schwesternchor. Kein Leiden ist zuviel, um eine heilige Kommunion zu empfangen.

Ich machte mir keine Illusionen über eine erneute Wende im Jahr 1897. Am 9. Januar, eine Woche nach meinem vierundzwanzigsten Geburtstag, vertraute ich meiner Schwester Agnes an: „Ich hoffe, bald in den Himmel zu gehen.“

Die Anfechtungen gegen meinen Glauben und meine Hoffnung verstärkten sich. Schwester Therese vom heiligen Augustin, die mir absolut unsympathisch war, die ich aber mit meinem ganzen Willen liebte, vertraute ich an:

„Wenn Sie wüssten, in welche Finsternis ich versunken bin. Ich glaube nicht mehr an das ewige Leben. Es scheint mir, dass es nach diesem sterblichen Leben nichts mehr gibt. Ich kann Ihnen die Dunkelheit, in die ich eingetaucht bin, nicht schildern."

Ein Lied, das ich meiner Schwester Agnes zu ihrem Namenstag am 21. Januar 1897 dichtete, verrät vielleicht ein wenig die Gewalt meines inneren Kampfes:

„***Meine Freude***
Wenn der blaue Himmel dunkel wird,
und wenn ER mich im Stich zu lassen scheint,
besteht meine Freude darin, im Schatten zu bleiben,
mich zu verbergen, mich zu erniedrigen.

Meine Freude, das ist der heilige Wille Jesu,
meiner einzigen Liebe.
So gehe ich ohne Furcht voran.
Ich liebe die Nacht ebenso sehr wie den Tag.

Und ich verdopple meine Zärtlichkeiten,
wenn ER sich meinem Glauben entzieht.
Was können mir der Tod und das Leben antun ?
Jesus, meine Freude ist es, dich zu lieben!"

Zu Beginn der Fastenzeit, am 3. März 1897, betete ich eine Novene zum heiligen Franz Xaver, dem Patron aller Missionen. Er sollte beim lieben Gott für mich bitten, dass ich nach meinem Tod weltweit Gutes tun könne. Auch den heiligen Josef bat ich in diesem Anliegen um seine Fürsprache. Am gleichen Tag schrieb ich meinem Priesterbruder Adolf Roulland nach China: *„Ich möchte Seelen retten und mich für sie vergessen; auch nach meinem Tode möchte ich Seelen retten.* "

Noch einmal flammte der Wunsch in mir auf, in die Mission entsandt zu werden. Unsere Mutter Priorin war von meiner missionarischen Berufung voll überzeugt. Ich aber musste mich der bitteren Realität stellen, in einen Leib gepresst zu sein, der langsam, aber sicher zerfallen würde. Gott hatte - was meinen Missionswunsch betrifft - deutlich und endgültig gesprochen. Ich war bereit, seinen Willen anzunehmen.

Meine Missionstätigkeit sollte eine geistige sein und mein Missionsfeld die ganze Welt. Ich unterstützte die Arbeit der Missionare durch meine Gebete und durch alles, was sich mir auf dem „Kleinen Weg der Liebe" anbot, zu tun oder zu lassen, zu erdulden und zu erleiden ... Nichts sollte ausgeschlossen sein, nichts mir zu gering erscheinen. Der Arzt hatte mir Spaziergänge an der frischen Luft verordnet. Dabei beobachtete mich eines Tages eine Mitschwester und riet mir, meine Kräfte zu schonen. Ich erklärte ihr, dass ich diese Mühe gern für einen Missionar aufopfere, der vielleicht gerade jetzt bei großer Hitze viele Kilometer von einer Missionsstation zur anderen marschieren müsse und zum Umfallen müde sei.

In den darauffolgenden Monaten boten sich mir unzählige Gelegenheiten, mein missionarisches Apostolat zu verwirklichen.

Warum ich dich liebe, Maria

Hustenanfälle, Fieber, starke Schmerzen in der Brust, Erbrechen, manchmal Blutbrechen ... Das gehörte seit April 1897 ununterbrochen zu meinem Leben. Aber meine

Mitschwestern ahnten nicht, dass sich mein Gesundheitszustand weiterhin verschlechterte. Als mein Gesicht einmal vor Fieber glühte, meinte eine Schwester: „Sie sehen aber gut aus, Schwester Therese!“ Man hielt mich also nicht für so krank, wie ich es war. Nur meine leiblichen Geschwister spürten, dass es mir sehr schlecht ging. Solange ich konnte, erfüllte ich meine Pflichten. Ich wollte keine Zeit unnütz verlieren.

Eines Tages sagte ich zu meiner Schwester Genoveva (Céline): „Ich habe vor meinem Tod noch etwas zu erledigen. Es war immer mein Traum, in einem Gedicht alles auszudrücken, was ich von der Gottesmutter Maria denke.“ Die Predigten, die ich bisher über sie gehört hatte, haben mich oft bedrückt. Welch himmlische Tugenden sagte man ihr nach und rückte sie dadurch in unerreichbare Ferne. Wie gern wäre ich Priester gewesen, um über die Gottesmutter zu predigen. Ich hätte sie als nachahmenswertes Vorbild vorgestellt. Sie ist bekannt als Königin des Himmels und der Erde - aber ich hätte den Menschen gesagt: *„Sie ist* ***mehr Mutter*** *als Königin!“*

Im Marienmonat Mai führte ich meinen Plan aus. Ich nahm alle meine Kraft zusammen und verfasste aus Liebe und Verehrung zu meiner himmlischen Mutter ein Gedicht mit fünfundzwanzig Strophen. Das Evangelium war mein „roter Faden“ für das Leben Marias. Es war ein ganz einfaches Leben - ein Leben aus dem Glauben, ohne etwas Besonderes oder Außergewöhnliches. Maria ist wirklich ein Vorbild für alle Christen, die ihre Liebe zu Gott und den Mitmenschen in einem glanzlosen, gewöhnlichen Alltag leben müssen:

„Keinerlei Verzückungen, Wunder oder Ekstasen verschönerten dein Leben, du Königin der Auserwählten!“

In der letzten Strophe verriet ich etwas von meiner persönlichen Beziehung zu Maria:

„Bald werde ich hingehen,
um dich im schönen Himmel zu schauen.
Du, die du am Morgen meines Lebens kamst,
um mir zuzulächeln[1].
Komm Mutter, mir nochmals zuzulächeln.
Sieh, der Abend ist da!...“ [2]

Die Macht des Gebetes

Wie groß ist doch die Macht des Gebetes. Man könnte es mit einer Königin vergleichen, die als einzige jederzeit Zutritt zum König hat und von ihm alles erhält, worum sie bittet. Ich fragte mich, warum das Beten manchen Menschen so schwer fällt oder sie sogar langweilt. Vielleicht liegt es daran, dass sie mit den frommen Gebeten aus einem Buch nicht viel oder gar nichts anfangen können. Ich wäre zu bedauern gewesen, wenn ich mich außer dem Stundengebet zwingen hätte müssen, schöne Gebete aus Büchern zu suchen, die mich angesprochen hätten. *Ich hätte nicht einmal gewusst, welche ich auswählen sollte, darum machte ich es wie die kleinen Kinder, die noch*

---

1 Siehe dazu im II. Kapitel „Du kamst, um mir zuzulächeln“ - Heilung Thereses durch die Fürbitte Marias (Seite 51 ff.).

2 Das vollständige Gedicht steht in „Gedichte der heiligen Theresia von Lisieux“, Paulinus Verlag, Trier.

nicht lesen können: Ich sagte dem lieben Gott einfach, was ich ihm sagen wollte, und er verstand mich immer ...

Für mich war das Gebet ein Aufschwung des Herzens, ein einfacher Blick zum Himmel. Ein Ausruf der Dankbarkeit und Liebe mitten aus der Freude oder mitten aus dem Leid. Kurz gesagt: Das Gebet machte meine Seele weit und verband mich mit Gott. Unsere heilige Ordensgründerin Teresa von Avila drückte es so aus: „Das Gebet ist für mich wie das vertraute Gespräch mit einem guten Freund, mit dem man gern und oft beisammen sein will."

Wenn ich mich innerlich wie ein ausgetrockneter Boden fühlte, nicht fähig zu einem einzigen guten Gedanken, dann betete ich ganz langsam das „Vaterunser", das Jesus uns selbst gelehrt hat, und ein „Gegrüßet seist du, Maria".

Ein Gelehrter hat einmal gesagt: „Gebt mir einen Hebel und einen Stützpunkt, dann werde ich die Welt aus den Angeln heben." Was Archimedes nicht schaffte, das haben die Heiligen erreicht. Gott selbst war ihr Stützpunkt, das Gebet der Hebel. Auf diese Weise haben sie die Welt immer wieder aus den Angeln gehoben und ins rechte Lot gebracht, das heißt auf Gott hin ausgerichtet.

Ich will meinen Himmel damit verbringen, auf Erden Gutes zu tun

Am Pfingstmontag 1897 kam Schwester Genoveva auf die Idee, mich im Garten zu fotografieren; sie dachte wohl an meinen baldigen Tod. Auf den Knien musste ich vor dem großen Apparat neun Sekunden lang absolut still halten und dazu noch ein freundliches Gesicht machen.

Céline war unzufrieden mit meiner Haltung und begann zweimal von neuem. Ich war so erschöpft, dass mir das Lachen verging. Ja, ich fühlte es sehr deutlich, dass ich bald sterben würde.

Therese mit einem Bild ihrer beiden Namensprädikate: „Vom Kinde Jesus und vom Heiligsten Antlitz" (7. Juni 1897)

Im Juli (1897) begann eine Phase häufigen Blutbrechens, die bis zum 5. August dauerte. Am 8. Juli musste ich meine geliebte kleine Zelle für immer verlassen und wurde ins Krankenzimmer verlegt, welches ein Fenster zum Garten hatte. Das Eisenbett, das mit vier braunen Vorhängen umgeben war, glich einem Himmelbett. An den Vorhängen befestigte ich meine Lieblingsbilder. Die Statue der „Jungfrau vom Lächeln" die mir von Kindheit an so viel bedeutete, stand in meiner Blickrichtung. Das war nun meine kleine Welt.

Der liebe Gott schenkte mir noch die Kraft, an meine Priesterbrüder und meine Angehörigen Abschiedsbriefe zu schreiben. Es fiel mir aber immer schwerer, den Bleistift festzuhalten. Ich wusste es ganz sicher: Bald wird mich Jesus in den unendlichen Ozean seiner Liebe versenken mit allen Schätzen, die ich besitze.

„Herr, du weißt es, die Schätze sind für mich die Seelen, die du mir gegeben hast. Wie du vor deinem Kreuzestod zum Vater gebetet hast, so möchte ich am letzten Abend meines Lebens mit dir sprechen können: Ich habe das Werk vollbracht, das du mir aufgetragen hast. Ich habe deinen Namen denen geoffenbart, die du mir anvertraut hast. Jetzt erkennen sie, dass alles, was du mir gegeben hast, dein Geschenk war. Ich gehe jetzt zu dir, sie bleiben in dieser Welt. Bewahre sie vor dem Bösen ...[1]

Mein Gott, du weißt, ich habe nie etwas anderes gewünscht, als einzig und allein dich zu lieben. Deine Liebe hat mich seit meiner Kindheit begleitet und mich wie ein Magnet angezogen. Du hast mich mit Liebe überhäuft. Deshalb bitte ich dich jetzt, alle, die du mir anvertraut hast, so zu lieben, wie du mich geliebt hast. "[2]

---

1 Vgl. Johannesevangelium 17.
2 Vgl. Johannesevangelium 17,23.

Therese in einer Aufnahme vom Juli 1896

Fieber, starke Schweißausbrüche, Erstickungsanfälle, Schlaflosigkeit und vieles mehr erschöpften mich so sehr, dass ich unfähig war, selbst noch etwas aufzuschreiben. Meine Schwester Agnes (Pauline) setzte sich oft an mein

Bett und notierte auf lose Zettel alles, was ihr von unseren letzten Gesprächen wichtig und wertvoll schien. Das Heil der Menschen beschäftigte mich bis zu meinem Tod.

Mitte Juli (1897) sprach Pauline mit mir über eine eventuelle Veröffentlichung meiner Lebensgeschichte. Zunächst war ich zurückhaltend, trug aber eine geheimnisvolle Ahnung in meinem Herzen und sagte schließlich: „Meine Mutter, diese Seiten werden viel Gutes wirken. Durch sie wird man die Barmherzigkeit des lieben Gottes besser kennenlernen."

Kurz darauf sprach ich mit Pauline über mein Verlangen, im Himmel nicht untätig sein zu wollen: „Der liebe Gott würde mir nicht dieses Verlangen eingeben, nach meinem Tode auf Erden Gutes zu tun, wenn er es nicht verwirklichen wollte ..." Es war für mich unmöglich, mir den Himmel als einen Ort der Ruhe vorzustellen, darum sagte ich zu meiner Schwester: „Eine von Liebe entflammte Seele kann nicht untätig bleiben. Wenn du wüsstest, was ich für Pläne mache, was für Dinge ich anstellen werde, wenn ich im Himmel bin ... Ich werde meine Mission antreten ... Meine Sendung wird beginnen - meine Sendung zu lehren, den lieben Gott so zu lieben, wie ich ihn liebe. Ich möchte den Menschen meinen Kleinen Weg zeigen. Wenn der liebe Gott meine Wünsche erhört, werde ich meinen Himmel bis zum Ende der Welt auf der Erde verbringen. *Ich möchte meinen Himmel damit verbringen, auf Erden Gutes zu tun. Ja, wenn ich im Himmel bin, werde ich Rosen*[1] *auf die Erde streuen.* " Meine Kühnheit kannte keine

1 Das erste Bild von Therese, das der Öffentlichkeit gezeigt wurde, hatte Céline gemalt. Es stellt Therese mit Rosen in den Armen dar.

Grenzen mehr: *„Im Himmel wird der liebe Gott in allem meinen Willen tun müssen, weil ich auf Erden seinen Willen erfüllt habe"* Das sagte ich ohne jeden Stolz. Nichts wollte ich von Gott für mich selbst erbitten, alles nur für die Kirche und für die Rettung der Menschen.

Mein Ölgarten

Am 15. August (1897), dem Fest Maria Himmelfahrt, trat eine Wende in meiner Krankheit ein. Die linke Brustseite tat mir sehr weh, meine Beine schwollen an. Da sich der Hausarzt des Klosters im Urlaub befand, gab Mutter Maria von Gonzaga am 17. August unserem Cousin, Dr. La Néele, die Erlaubnis, mich zu untersuchen. Seine Diagnose bestätigte eine völlige Zerstörung des rechten Lungenflügels durch Tuberkulosebakterien. Der linke Lungenflügel war im unteren Drittel bereits befallen. Damit hatte die Tuberkulose ihr letztes Stadium erreicht. Endlich war die Wahrheit ausgesprochen. Die Krankheit hatte meinen gesamten Organismus angegriffen, und ich musste schrecklich leiden. Manche meiner Mitschwestern wollten das nicht wahrhaben. Wenn es zwischendurch Stunden oder Tage der Erleichterung für mich gab, glaubten sie, dass es mit der Krankheit nicht so schlimm sein könne. Schwester Vincent von Paul äußerte in der gemeinsamen Erholung: „Ich weiß gar nicht, warum man um Schwester Therese vom Kinde Jesus soviel Aufsehen macht. Man kann wirklich nicht sagen, dass sie eine gute Ordensfrau ist. Ich sah sie nie etwas Besonderes tun." Als mir eine geschwätzige Schwester diese lieblose Bemerkung erzählte, entgegnete ich ihr: „Es ist eine große Freude für mich, vor meinem Sterben zu erfahren, dass ich keine gute Ordensfrau bin.“ Es war immer mein Wunsch gewesen, verborgen und unerkannt meinen „Kleinen Weg der Liebe“ zu gehen.

Andere Mitschwestern quälten mich mit allerlei dummen Fragen: „Schwester Therese, haben Sie Angst vor dem Tod? Woran werden Sie denn eigentlich sterben?“ und so weiter. Ich bemühte mich, ihnen geduldig und humorvoll zu antworten: „Am Tode werde ich sterben. Und warum sollte ich mehr als andere Menschen von der Todesangst verschont sein? - Jesus hat in Traurigkeit gelitten; kann die Seele überhaupt ohne Traurigkeit leiden? Obwohl Jesus Gottes Sohn war und tief verbunden mit seinem Vater lebte, war seine Todesangst am Ölberg nicht weniger grausam. Das ist ein Geheimnis, aber ich versichere Ihnen, dass ich etwas davon verstehen kann, weil ich es in und an mir erfahre. Das Krankenzimmer ist mein Ölgarten.”

Einige Tage später waren meine Leiden so unsagbar groß, dass ich den Schwestern empfahl: „Bitte lasst keine giftigen Arzneien bei Schwerkranken stehen. - Ich wundere mich, dass es unter den Ungläubigen nicht viel mehr gibt, die Selbstmord begehen. Wenn ich den Glauben und die Liebe zu Gott nicht hätte, würde ich keinen Augenblick zögern, Selbstmord zu begehen.”

Als ich einmal merkte, dass Pauline mein baldiges Sterben nicht annehmen konnte und mich einfach nicht loslassen wollte, sagte ich scherzend: „Der liebe Gott hat so große Lust auf eine kleine ‚Traube‘ Weil der ‚Besitzer‘ sie ihm nicht geben will, wird er sie stehlen ...“

Eines Tages flogen mir zwei lästige Fliegen ständig um die Nase. Eine Mitschwester hatte Mitleid mit mir und wollte sie totschlagen. Ich bat sie: „Lass sie doch lieber leben, denn du weißt ja nicht, welche von beiden mich ärgert.“

Durch meinen trockenen Humor gelang es mir immer wieder, meine traurigen Schwestern aufzuheitern und ihnen über den Schmerz des bevorstehenden Abschieds hinwegzuhelfen.

An einem Tag ging es mir gesundheitlich so schlecht, dass unser Hausarzt meinte, ich werde die Nacht nicht überleben. Ein Priester spendete mir die Krankensalbung und reichte mir die heilige Kommunion. Im Nebenraum des Krankenzimmers bereiteten die Sakristeischwestern schon alles für meine Beerdigung vor. Durch die halbgeöffnete Tür sah ich alle Gegenstände. „Siehst du die Kerze dort?“ sagte ich zu Pauline. „Wenn der „Dieb“ mich holt, wird man sie mir in die Hand geben. Aber bitte ohne den Leuchter, der ist zu hässlich.“

Aber auch diese Krise überlebte ich. Die starken Schmerzen ließen nach, aber Fieber, Durst und Beklemmung machten mir zu schaffen. Zum Atmen hatte ich nur noch die Hälfte des linken Lungenflügels. Um mir Freude zu bereiten, rückten die Schwestern am 27. August (1897) mein Bett in die Mitte des Zimmers vor das Fenster. Von diesem Platz aus konnte ich in den Garten schauen und die Blumenpracht des Sommers genießen.

Am 30. August brachten sie mich auf einem fahrbaren Bett in den Kreuzgang[1] und stellten mich vor die offene Chortüre. Es war mein letzter Besuch beim Allerheiligsten Sakrament.

---

1 Der Kreuzgang ist im Innenhof eines Klosters gelegen.

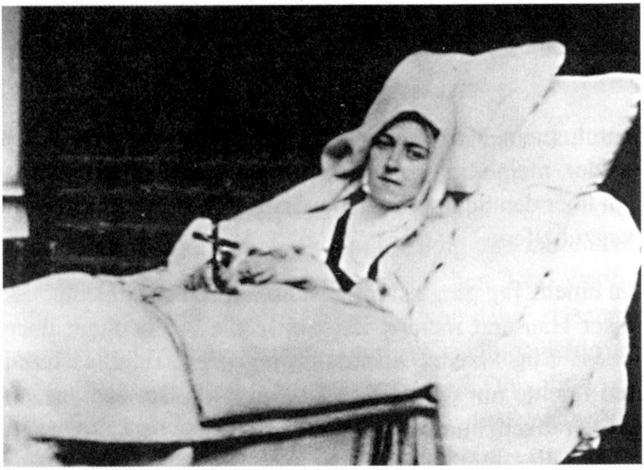

Therese vier Wochen vor ihrem Tod

In der Zeit meiner Krankheit sprach ich viele Gedanken aus, die mich beschäftigten. Pauline schrieb sie auf, weil sie überzeugt war, dass meine Worte die Mitschwestern trösten und stärken könnten:

„Ich versichere dir Gott ist viel gütiger als du glaubst."
„Ich fühle es genau, alles kommt von ihm."
„Mehr denn je begreife ich, dass selbst die kleinsten Ereignisse unseres Lebens von Gott gelenkt sind."

„Ich meditierte das ‚Vaterunser'. Es ist so gut, Gott unseren Vater zu nennen."
„Gott ist liebevoller als eine Mutter."

„Die Nächstenliebe besteht darin, die Unerträglichen zu ertragen"[1]

---

1 Therese zitiert hier ein Wort des heiligen Alfons von Liguori.

„Man muss die anderen immer mit Liebe beurteilen.“
„Es ist nicht unsere Aufgabe, Friedensrichter zu sein. Nur Gott allein hat dieses Recht. Unsere Aufgabe ist es vielmehr, ein Friedensengel zu sein.“

„Gott weiß alle Dinge so zu fügen, dass es für uns keinen Grund gibt, einander zu beneiden.“

„Wie glücklich bin ich, mich so fehlerhaft zu sehen und so sehr das Erbarmen Gottes nötig zu haben.“

„Ich leide von Augenblick zu Augenblick. Ich denke nicht an das, was morgen alles auf mich zukommt. Gott gibt mir die Kraft für den Augenblick.“

„Ich fürchte in keiner Weise die letzten Kämpfe noch die Schmerzen der Krankheit, wie groß sie auch sein mögen. Gott hat mir geholfen und mich seit meiner frühesten Kindheit an seiner Hand geführt... Ich verlasse mich auf ihn. Ich bin sicher, dass er mir seine Hilfe bis ans Ende schenken wird.”

„Nicht der Tod wird mich holen, sondern Gott. - Der Tod ist die einzige Möglichkeit, um zu Gott zu gelangen. - Gott wird meine große Belohnung sein. Keine anderen Güter will ich besitzen.“

„Mein Weg ist ganz Vertrauen und Liebe. Ich verstehe die Menschen nicht, die vor einem so liebevollen Freund [Jesus] Angst haben.“

Ich sterbe nicht, ich gehe ins Leben ein

Auch im Leiden und im Sterben wollte ich meinem „Kleinen

Weg“ treu bleiben. Täglich fand ich Kraft und Frieden durch das Psalmwort: **„Herr, ich finde meine Freude in allem, was du tust.**“ Diesen Vers hatte ich im Juni (1897) auf die letzte Seite meines kleinen Evangeliums geschrieben. Mit diesem Wort hatte ich gelebt, mit diesem Wort wollte ich sterben.

Ab Mitte September fiel mir das Atmen immer schwerer. *„Mutter, die Luft der Erde fehlt mir, wann wird der Liebe Gott mir die Luft des Himmels geben?“* - Am 25. September sagte ich zu Schwester Genoveva (Céline): *„Ich werde sterben, das ist gewiss ..., auch wenn ich nicht weiß, wann.“* Céline entgegnete mir: *„Du* wirst vom Himmel herabschauen auf uns, nicht wahr?“ - *„Nein, ich werde herunterkommen!“* antwortete ich mit sicherer Stimme.

Céline stand häufig nachts auf, um nach mir zu sehen. Einmal fand sie mich mit gefalteten Händen, mein Blick war nach oben gerichtet. „Was machst du da?“ fragte sie mich. „Du sollst doch versuchen zu schlafen!” - *„Ich kann nicht, weil ich so große Schmerzen habe - also bete ich!“*- „Und was sagst du Jesus?“ - *„Ich sage ihm nichts, ich liebe ihn!“*

Als Mitschwestern mir am 18. September das Bett richteten, sah unsere Mutter Priorin zum erstenmal, wie abgemagert ich war. Erstaunt und zugleich hilflos rief sie aus: „Was ist denn das? So ein abgemagertes Mädchen!“ Trocken antwortete ich ihr: „Ein Skelett!“

In den letzten Tagen meines Lebens sprach ich immer weniger. Ich schaute gern zum Garten hin, weil ich die Natur sehr liebte, besonders die bunte Vielfalt der Blumen.

Am Mittwochmorgen, den 29. September, hörten mich die Schwestern röcheln. Die ganze Gemeinschaft wurde ins Krankenzimmer gerufen und sang die Sterbegebete. Am Mittag fragte ich Mutter Maria von Gonzaga: „Ist das der Todeskampf? Ich kann nicht mehr! Beten Sie für mich!" Abbé Faucon spendete mir zum letztenmal das Bußsakrament. Als er aus dem Zimmer kam, sagte er tief beeindruckt: „Was für eine schöne Seele!"

Für die Nacht vom 29. auf den 30. September ordnete unsere Mutter Priorin an, dass Schwester Marie vom Heiligsten Herzen (unsere älteste Schwester Marie) und Schwester Genoveva (Céline) bei mir wachen sollten. Sie wechselten sich ab; Pauline schlief in der Zelle nebenan. Für mich war es eine entsetzliche Nacht. Ich flehte die Gottesmutter um Hilfe an.

Am Donnerstagmorgen - es war ein unfreundlicher und regnerischer Tag - blieben meine drei Geschwister während der Konventmesse bei mir; sie wollten mich in all meiner Not nicht mehr allein lassen. Den ganzen Tag über hatte ich Erstickungsanfälle. Keuchend sagte ich zu Pauline: *„Wenn du wüsstest, was es heißt, zu ersticken! - Mein Gott, hab' Mitleid mit mir!"* Zu unserer Mutter *Priorin sagte ich: „Meine Mutter, ich versichere Ihnen, der Kelch ist voll bis zum Rand!... Ich liebe ihn dennoch, den lieben Gott. Er wird mich nicht verlassen, ganz, bestimmt nicht!... Er hat mich noch nie verlassen ... Ja, mein Gott, alles, was du willst, aber hab' Erbarmen mit mir! Ich hätte nie geglaubt, dass man soviel leiden kann. Ich kann es mir nicht anders erklären als aus meinem brennenden Wunsch, Menschen für Gott zu gewinnen. - Ich bereue es nicht, mich der Liebe ausgeliefert zu haben. O nein, ich bereue es nicht, im Gegenteil!"*

Kurz nach 19 Uhr fragte ich: *„Mutter, ist das noch nicht der Todeskampf? ... Werde ich nicht sterben ? "* „Doch, das ist der Todeskampf, bestätigte sie mir. *„ Also gut!... Weiter! ... Weiter!..."* Dann blickte ich auf das kleine Kreuz in meinen Händen und sprach mit letzter Kraft: *„Oh!* ***Ich liebe ihn! ... Mein Gott*** *...* ***ich liebe dich!"***

Das waren die letzten Worte von Therese. Plötzlich richtete sie sich noch einmal auf, öffnete weit die Augen und schaute mit strahlendem Blick auf einen Punkt über der Statue der Mutter Gottes. Nach einigen Minuten schloss sie die Augen, fiel zurück und starb. Es war gegen 19.20 Uhr. Auf ihrem Gesicht lag ein wunderbares Lächeln. Therese sah sehr schön aus, wie ein junges Mädchen. Aus ihr strahlten Leben und Glück. *„Ich sterbe nicht, ich gehe ins Leben ein!"* Diese Worte hatte sie einmal gesagt, und wir fanden sie in ihrer Todesstunde bestätigt. Es fiel den Schwestern schwer, sich von ihrem so schönen Anblick zu

Das Totenantlitz Thereses

trennen. Céline durfte am folgenden Tag, dem 1. Oktober 1897, ein Foto machen. Am Sonntag, dem 3. Oktober, wurde Schwester Therese im blumengeschmückten Sarg im Chor aufgebahrt, so dass Céline sie nochmals fotografieren konnte.

Bis Sonntagabend durften sich auch ihre Schwester Léonie, die Angehörigen, Priester, Freunde und Bekannte von Therese verabschieden.

Am Montag, den 4. Oktober, feierten alle in der Klosterkirche des Karmel einen Totengottesdienst. Anschließend wurde Thereses Leichnam auf dem Städtischen Friedhof in Lisieux beerdigt. Onkel Isidor hatte dort ein Grundstück für das Kloster gekauft. Auf Thereses Grab wurde ein Holzkreuz gestellt. Es war beschriftet mit Namen, Geburts- und Sterbejahr und ihren Worten: *„Ich will meinen Himmel damit verbringen, auf Erden Gutes zu tun.“*

Nach all den schmerzlichen Ereignissen der vergangenen Monate und Tage begann im Karmel wieder der klösterliche Alltag in streng geordnetem Ablauf von Gebet, Arbeit, gemeinsamer Erholungszeit und Schweigen.

Was ist geblieben? Ein Heft voller Erinnerungen, das Therese als Testament hinterlassen hat. Werden die Seiten, nach ihren eigenen Worten, „Gutes wirken“? Alle sollten sich noch wundern!“

V. Kapitel
Das Leben nach dem Tod

Ein Heft voller Erinnerungen

Es war kein Zufall, dass Therese zwei Jahre vor ihrem Heimgang zu Gott ihre Lebensgeschichte schreiben musste. Millionen von Christen und Nichtchristen erfahren in diesem anschaulichen und einladenden Lehrbuch, wie jeder mit seinen Talenten die Welt ein Stückchen zum Guten verändern kann. Therese hatte auf ihrem Sterbebett geahnt, wofür ihre Biographie dienen werde: *„Man wird Gott noch mehr liebenlernen, und die ganze Welt wird mich lieben ..."* Nach dem verborgenen Leben im Karmel wollte sie nach ihrem Tod erst richtig aktiv werden und der Menschheit bis ans Ende der Zeiten ihren „Kleinen Weg" lehren. *„Ich möchte meinen Himmel damit verbringen, auf Erden Gutes zu tun.*" Um nicht missverstanden zu werden, hatte Therese ihre Schwestern aufgeklärt: *„Glaubt ja nicht, ich werde Euch gebratene Tauben in den Mund fallen lassen, wenn ich im Himmel bin."* Als Schwester und Wegbegleiterin möchte sie allen helfen, die sich aufmachen, den „Kleinen Weg der Liebe, der Hingabe und des Vertrauens" zu gehen. Bereits ein Jahr nach Thereses Tod wurde ihre Selbstbiographie mit Genehmigung des Bischofs Hugonin gedruckt. Die „Geschichte einer Seele" löste unmittelbar nach ihrem Erscheinen Begeisterungsstürme aus. Ohne Hilfe der modernen Massenmedien wurde Therese in wenigen Jahren weltweit bekannt. Im Jahre 1915, also achtzehn Jahre nach ihrem Tod, waren bereits 211 515 Exemplare ihres Buches, 710 000 Broschüren eines kurzgefassten Lebenslaufes und 110 000 Schriften

„Rosenregen“ mit Gebetserhörungen und Wunderberichten verkauft. Die „Selbstbiographischen Schriften“ Thereses sind schon in über fünfzig Weltsprachen übersetzt.

Der Sturm der Verehrung

Mit der rasanten Verbreitung der „Geschichte einer Seele“ wuchs sturmartig die Verehrung für Therese. Die Karmelitinnen von Lisieux wurden mit Briefen überflutet. Die Absender berichteten von wunderbaren Heilungen, von Bekehrungen, von besonderen Gnaden ... Andere baten um Bücher, Bildchen oder Reliquien.

Therese wurde und wird in allen Volksschichten verehrt. Unter den Verehrern finden sich Schriftsteller und Dichter wie Paul Claudel, Georges Bernanos, Julien Green, Ida Friederike Görres, Marie Noël; Intellektuelle wie Peter Wust, Jean Guitton, Edith Stein; der Atomphysiker Max Thürkauf; die Sängerin Edith Piaf; der Moslem Alain Mimoun, Olympiasieger im Marathon und ehemaliger Weltmeister, und viele andere ...

Ein erschütterndes Zeugnis seiner Theresienverehrung gab Jacques Fesch, der am 1. Oktober 1957 im Alter von siebenundzwanzig Jahren durch die Guillotine[1] hingerichtet wurde:

„Jesus ist ganz nahe bei mir. Er zieht mich immer näher zu sich, und ich kann ihn in Ruhe anbeten und wünsche mir, aus Liebe zu sterben. Ich möchte, wie die kleine heilige Therese vom Kinde Jesus, bei jedem Herzschlag mein Angebot erneuern, ein ‚Brandopfer seiner Barmherzigen

1 Die Guillotine (= Fallbeil) ist ein Hinrichtungsgerät.

Liebe‘ zu werden … Ich warte in der Nacht und im Frieden ... Ich warte auf die Liebe! In fünf Stunden werde ich Jesus sehen!“

Aus allen Himmelsrichtungen kamen Wallfahrten zu Thereses Grab, um Heilungen von Krankheiten und Bekehrungen zu erbitten oder um ein schweres Kreuz durch ihre Fürbitte leichter tragen zu können.

Im Jahre 1903 kam ein schottischer Priester, Pater Thomas Nimmo Taylor, zu den Karmelitinnen in Lisieux, um ihnen vorzuschlagen, Schritte für eine Heiligsprechung Thereses zu unternehmen. Die Schwestern waren verblüfft über diese Idee. Lachend entgegnete die Priorin: „Dann müssten viele Karmelitinnen heiliggesprochen werden.” Der Gedanke ließ sich aber nicht aufhalten, denn das Volk verehrte lange vor einer kirchlichen Entscheidung seine „kleine heilige Therese vom Kinde Jesus“.

Die heilige Therese von Lisieux - Patronin der Weltmission

Die Christen der ganzen Welt verlangten immer lauter die Heiligsprechung Thereses. Am 15. März 1907 wünschte es auch Papst Pius X. selbst. In einer Privataudienz bezeichnete er Therese als „die größte Heilige der Neuzeit“ und war mit dieser mutigen Aussage seiner Zeit voraus. Erst drei Jahre später wurde in Bayeux „der Bischöfliche Prozess“[1] eröffnet, so genannt, weil der Ortsbischof dafür die Verantwortung trägt. Die Karmelitinnen wurden von

---

1 Als Buch in deutscher Sprache im Badenia Verlag Karlsruhe erschienen. (Das Buch ist nur noch im Theresienwerke e.V. Augsburg erhältlich).

ihm beauftragt, ihre Erinnerungen an Schwester Therese vom Kinde Jesus niederzuschreiben. Siebenunddreißig Zeugen, davon neun Karmelitinnen, die mit ihr zusammengelebt hatten, wurden im Bischofspalais gehört. In über hundert Sitzungen mussten die Zeugen „Rede und Antwort“ stehen über alles, was sie von Therese wussten. Die Römische Kurie[1], die sich für solche Angelegenheiten gewöhnlich Jahrzehnte Zeit lässt, fühlte sich gedrängt. Der zuständige Kardinal Vico mahnte: „Wir müssen uns beeilen, die kleine Therese heiligzusprechen, wenn wir nicht wollen, dass uns die Stimme des Volkes überholt.“ Papst Pius X. erklärte: „Es ist sehr angebracht, die Seligsprechung schnellstens einzuleiten.“

Der Erste Weltkrieg verzögerte den „apostolischen Prozess“[2], der auf Anordnung des neuen Papstes Benedikt XV. am 17. August 1915 eröffnet wurde. Nach einundneunzig Sitzungen konnte er am 30. Oktober 1917 abgeschlossen werden.

Erst sein Nachfolger, Papst Pius XI., konnte Schwester Therese vom Kinde Jesus in der Basilika St. Peter in Rom am 29. April 1923 seligsprechen. Vorausgegangen war eine strenge Prüfung von zwei erforderlichen Wundern, die unter Hunderten ausgesucht worden waren: Ein älterer Mann wurde plötzlich von Zungenkrebs geheilt. Ein Priester aus England wurde durch Berührung mit einer Reliquie der heiligen Therese, verbunden mit vertrauensvollem Gebet, überraschend von Tuberkulose geheilt.

---

1 Die Römische Kurie ist die zentrale Verwaltungsbehörde des Papstes.
2 Der „Apostoliche Prozess“ prüft den „Bischöflichen Prozess“; als Buch ebenfalls in deutscher Sprache im Badenia Verlag Karlsruhe erschienen. (Das Buch ist nur noch im Theresienwerke e.V. Augsburg erhältlich).

Pius XI. sah in Therese ein „Wort Gottes“ für das 20. Jahrhundert. Er sah in ihr den „Stern seines Pontifikates“ und stellte ihr Bild und eine Reliquie in sein Arbeitszimmer.

Glasschrein Thereses in der Karmelkirche zu Lisieux

Am 23. März 1923, einen Monat vor der Seligsprechung, wurden die Reliquien Thereses vom Städtischen Friedhof in den Karmel überführt, wo sie sich bis heute in einem Glasschrein befinden. In einer zwei Kilometer langen Prozession begleiteten fünfzigtausend Pilger das Pferdegespann, auf dem der wertvolle Reliquien-Sarg transportiert wurde.

Ein vom Krieg schwer verwundeter, gelähmter Mann erlebte an diesem Tag seine vollkommene Heilung und begleitete den Festzug; ein junger Blinder, der vor dem Karmel die Ankunft der Reliquien erwartete, öffnete plötzlich seine Augen und konnte den feierlichen Einzug Thereses in ihren Karmel mit ansehen.

Schon zwei Jahre später, am 17. Mai 1925, schrieb Papst Pius XI. Therese in das Verzeichnis der Heiligen ein. Dreiunddreißig Kardinale, zweihundertfünfzig Bischöfe und hunderttausend Menschen waren Zeugen der Heiligsprechung. Und noch einmal zwei Jahre später proklamierte der gleiche Papst die heilige Therese vom Kinde Jesus als „Patronin der Missionen der ganzen Welt“.

Die ganze Welt kommt nach Lisieux

Seit Thereses Heiligsprechung breitete sich die Verehrung in allen Erdteilen aus. Sogar in der kleinsten Dorfkirche fand man ihre Statue.

Leider ließen die Karmelitinnen die Fotografien, die sie von Therese besaßen, jahrzehntelang in einem Schrank verstauben. Die von Schwester Genoveva (Céline) gemalten Bilder, die Therese mit süßem Lächeln darstellen, überschwemmten die Welt. Am bekanntesten ist das Bild, das Therese mit Kreuz und Rosen in den Armen darstellt. Es sollte an ihre Worte erinnern: *„Wenn ich im Himmel bin, werde ich Rosen auf die Erde streuen."* Man fragt sich zu Recht, warum ihre Fotografien den Menschen so lange vorenthalten wurden. Die Karmelitinnen waren der Meinung, dass diese damals neuartige Technik der Wirklichkeit nicht entspräche. Es war auch die Auffassung der damaligen Zeit, dass Fotografie mit Porträtkunst niemals konkurrieren könne. Erst 1961, zwei Jahre nach dem Tod Célines, wurden alle vorhandenen Theresienfotos unretuschiert veröffentlicht. Das half entscheidend mit, Therese von dem Klischee einer kleinen, süßen Heiligen zu befreien. Therese hatte versprochen: ***„Ich komme wieder!"*** Ja, sie ist im Kommen - so, wie sie wirklich war - mit ihrer kraftvollen Botschaft von der Erbarmenden Liebe Gottes und ihrer Lehre vom Weg des wahren Kindseins vor Gott, wie sie uns das Evangelium aufzeigt.

In prophetischer Vorausschau gab Papst Pius XI. dem neuen Bischof von Bayeux den Auftrag, in Lisieux eine Basilika zu Ehren der heiligen Therese bauen zu lassen: „Sie soll **sehr groß,** sehr schön und so rasch wie möglich fertiggestellt werden." 1929 begannen die Aushebungsarbeiten, und bereits am 11. Juli 1937 weihte Kardinal Pacelli, der spätere Papst Pius XII., die Basilika feierlich ein. Viele Pilger und Freunde Thereses aus der ganzen Welt kommen an diesen gesegneten Ort. Sie bringen ihre Sorgen und Anliegen; Suchende finden ihren Weg, Zweifelnde den Glauben, Leidende Hoffnung und Kraft... Es ist unmöglich, die Zahl der Pilger festzustellen. Schätzungsweise sind es mehr als eine Million jährlich.

Die Basilika von Lisieux

Am Ende seiner Pastoralreise in Frankreich kam Papst Johannes Paul II. am 2. Juni 1980 als Pilger nach Lisieux. Auf dem Vorplatz der Basilika sprach er vor hunderttausend Menschen:

„Die Heiligen veralten praktisch nie, sie werden nie Menschen der Vergangenheit, Männer und Frauen von gestern. Im Gegenteil: Sie sind immer die Männer und Frauen von morgen – Menschen der im Evangelium verheißenen Zukunft ... – Zeugen der kommenden Welt.

Von Therese von Lisieux kann man mit Überzeugung sagen, dass der Geist Gottes es ihrem Herzen möglich gemacht hat, den Menschen unserer Zeit das grundlegende Geheimnis des Evangeliums direkt zu offenbaren: Die Tatsache nämlich, dass wir ‚den Geist empfangen haben, der uns zu Söhnen (und Töchtern) Gottes macht, den

Geist, in dem wir rufen: Abba, Vater'[1]! Der ‚Kleine Weg' ist der Weg der heiligen Kindheit... Welche Wahrheit des Evangeliums ist denn wohl grundlegender als jene: Gott ist unser Vater, und wir sind seine Kinder!?"

Die heilige Therese - Lehrerin der Kirche

Am 19. Oktober 1997 blickte die ganze katholische Welt nach Rom, als Papst Johannes Paul II. die heilige Therese zur Kirchenlehrerin[2] erhob. In der fast zweitausendjährigen Geschichte der katholischen Kirche haben dreiunddreißig Heilige diesen Ehrentitel erhalten, unter ihnen die großen Kirchenväter Ambrosius, Hieronymus, Augustinus, Gregor I. und große Theologen wie Thomas von Aquin, Anselm von Canterbury und Bernhard von Clairvaux. Erst in der zweiten Hälfte des 20. Jahrhunderts wurden auch zwei großartige Frauen in den Kreis der Kirchenlehrer aufgenommen: Teresa von Avila und Katharina von Siena. Als dreiunddreißigste und jüngste von allen kam nun die kleine heilige Therese vom Kinde Jesus und vom Heiligsten Antlitz hinzu. Das ist in mancherlei Hinsicht eine Sensation, und darum fragen sich viele: „Wie ist das möglich, da sie doch keine Theologie studiert und statt theologischer Werke nur ein paar Hefte mit ihrer Lebensbeschreibung, Briefe, Gedichte, Gebete, Theaterstücke und ‚Letzte Worte' hinterlassen hat?"

---

1 Brief an die Galater 4,6.

2 Die Bezeichnung Kirchenlehrer ist ein offizieller Titel, den die katholische Kirche einem Heiligen verleiht, der sich durch Rechtgläubigkeit der Lehre, Heiligkeit des Lebens oder hervorragende wissenschaftliche Leistung und ausdrückliche Anerkennung durch die Kirche auszeichnet. Die Ernennung erfolgt durch den Papst.

In ihrer Selbstbiographie gibt Therese uns eine Antwort auf diese Frage. Sie bekennt, dass kein theologisches Werk, sondern nur Jesus allein sie belehrt und in der „Wissenschaft der Liebe" unterwiesen hat. Sie versteht darunter das Wissen um die Liebe und Barmherzigkeit Gottes, die wir täglich, auch in den kleinsten Ereignissen, erfahren. Diese Erkenntnis ließ Therese den „Kleinen Weg der Liebe" im Alltag entdecken, auf dem sie zu größter Heiligkeit gelangte. Dadurch, und nicht durch große Taten, ist sie in der ganzen Welt bekannt und ein Vorbild für unzählige Menschen geworden.

Darüber hinaus wurde Therese durch ihr beispielhaftes Leben und ihre Lehre ein helles Licht für die Dunkelheiten unseres Jahrhunderts wie zum Beispiel Werteverfall, Glaubensabfall, Sinn- und Orientierungslosigkeit, Drogenabhängigkeit, Gewaltverherrlichung.

Schon vor hundert Jahren hat Therese Gedanken des Zweiten Vatikanischen Konzils vorweggenommen, indem sie der biblischen und eucharistischen Bewegung den Weg bahnte und ein lebendiges Glied am Leib der Kirche sein wollte.

Die Kritik vieler an der Amtskirche beantwortete Therese mit Ehrfurcht und Liebe gegenüber dem Papst, den Bischöfen und den Priestern. *„Im Herzen der Kirche, die meine Mutter ist, werde ich die Liebe sein, so werde ich alles sein!"*

Unübersehbare Präsenz der heiligen Therese von Lisieux bei ihrer Ernennung zur Kirchenlehrerin auf dem Petersplatz in Rom Foto: KNA

Therese – eine Freundin, Schwester und Wegbegleiterin für immer

Alle Versprechungen, die Therese in ihren Abschiedsbriefen an ihre Angehörigen und Priesterbrüder gemacht hat, dürfen wir als Angebot an uns selbst verstehen, so auch, wenn sie Abbé Belliere verspricht: *„Ich werde meinem Bruder ganz nahe sein, ich werde alles sehen, was er nötig hat, und Gott keine Ruhe lassen, bis er alles gegeben hat, was ich will... Ich verspreche Ihnen, nach meinem Eintritt ins ewige Leben werden Sie darüber glücklich sein, eine Freundesseele in Ihrer Nähe zu fühlen; es wird zwischen uns beiden ein geschwisterlicher Austausch sein."* Diese Worte gelten jedem, der sich auf Therese einlässt. Nur wenn wir sie „beim Wort nehmen", erfahren wir, dass sie wirklich da ist: dass sie unsere Freundin, Schwester und Wegbegleiterin ist; dass wir in ihr eine Lehrerin haben, die uns geduldig aber auch energisch beibringt, was sie selbst auf ihrem „Kleinen Weg" gelernt und gelebt hat. Ihr Weg ist der Weg, der direkt zu Gott führt.

Wie schon gesagt, will sie uns „keine gebratenen Tauben in den Mund fallen lassen", sondern: *„Ich werde euch Erleuchtung schicken. -Alles, was Ihr nötig habt, werde ich Euch verständlich machen."* Therese will alle lieben und begleiten, die innerlich kämpfen und in Freude und Leid mit uns allen gehen. Sie lädt uns aber auch ein, mit ihr auf jene zuzugehen, die Gottes erbarmende Liebe am meisten brauchen.

In den Jahren 1917 bis 1980 entstanden mehr als fünfzig geistliche Gemeinschaften mit zirka fünftausend Mitgliedern auf der ganzen Welt, die nach der geistlichen Lehre der heiligen Therese leben. Die meisten von ihnen sind apostolisch (in der Glaubensverkündigung) und karitativ (im sozialen, helfenden Bereich) tätig.

In Deutschland wurden im Jahre 1928 die „Theresienschwestern des katholischen Apostolates“, Leonhardstraße 76, 86415 Mering gegründet.

Seit 1972 gibt es das „Theresienwerk e.V.“ mit Sitz in der Sterngasse 3, 86150 Augsburg (Telefon: 0821/51 39 31; Telefax: 0821/51 39 90; E-Mail: theresienwerk@t-online.de; Internet: www.theresienwerk.de), in dem sich die Freunde der heiligen Therese aus den deutschsprachigen Ländern zusammengeschlossen haben.

1996 schlossen sich junge Menschen aus Deutschland und der Schweiz zu der Jugendgruppe „Die Flamme“ zusammen; im Jahr 2000 entstand das „FORUM THERESE“, ein Kreis junger Erwachsener. Sie wollten sich vom Geist der hl. Therese anstecken lassen. Mit dem Eintreten in den Ruhestand von Monika-Maria Stöcker, fand sich keine weitere Begleitung für diese beiden Gruppierungen. 2006 lösten sie sich endgültig auf. Aus der „Flamme“ gingen zwei Ordensberufungen hervor, die ihren Weg im Geist der hl. Therese gehen.

Jedes Menschenleben ist letztlich eine Liebesgeschichte mit Gott. Therese möchte jedem von uns Mut machen, sich auf dieses Abenteuer einzulassen.

Anhang

Skizze von Frankreich

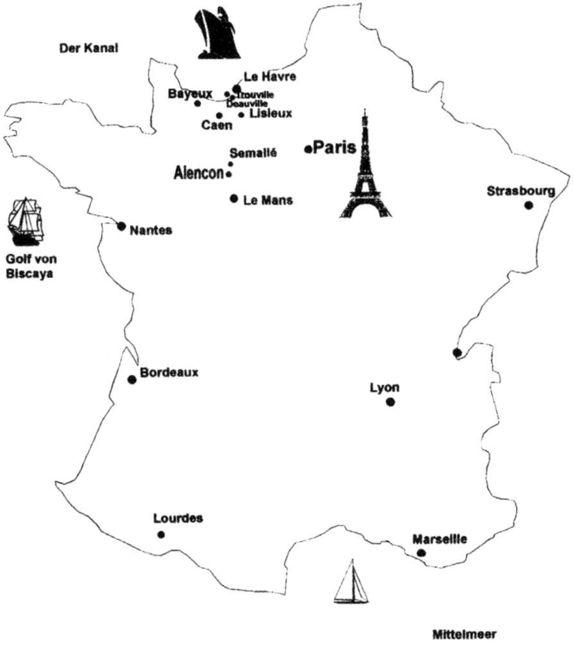

Zeittafel zum Leben der heiligen Therese von Lisieux

Eltern

Louis MARTIN, 1823-1894
Zélie-Marie, geb. GUÉRIN, 1831–1877

Geschwister

Marie-Louise, Sr. Marie vom Heiligsten Herzen, 1860–1940
Marie-Pauline, Sr. Agnes von Jesus, 1861-1951
Marie-Léonie, Sr. Françoise-Thérèse, 1863–1941
Marie-Hélène, 1864–1870
Marie-Joseph-Louis, 1866–1867
Marie-Joseph-Jean Baptiste, * † 1867
Marie-Céline, Sr. Genoveva vom Heiligsten Antlitz, 1869–1959
Marie-Mélanie-Therese, * † 1870

Therese

02.01.1873	geboren in Alençon
04.01.1873	Taufe auf den Namen Marie-Françoise-Thérèse
28.08.1877	Tod der Mutter
15.11.1877	Umzug nach Lisieux
02.10.1882	Eintritt Paulines in den Karmel
25.03. 1883	Schwere Erkrankung

13.05.1883	Heilung der Krankheit durch die „Jungfrau vom Lächeln“
08.05.1884	Erstkommunion
14.06.1884	Firmung
15.10.1886	Eintritt Maries in den Karmel
25.12.1886	„Weihnachtsbekehrung”
20.11.1887	Audienz bei Papst Leo XIII.
09.04.1888	Eintritt in den Karmel
10.01.1889	Einkleidung
80.09.1890	Feierliche Profess
24.09.1890	Schleierfest
29.07.1894	Tod des Vaters
14. 09.1894	Eintritt Célines in den Karmel
03.04.1896	Erstes Bluthusten, Lungentuberkulose
08.07.1897	Verlegung von der Zelle ins Krankenzimmer
30.09.1897	Tod

*

07.03.1898	Bischöfliche Erlaubnis zum Druck der „Histoire d‘une âme” - „Geschichte einer Seele”
26.03.1923	Übertragung der Reliquien Thereses in den Karmel
29.04.1923	Seligsprechung Thereses durch Papst Pius XI.
17.05.1925	Heiligsprechung Thereses durch Papst Pius XI
14.12.1927	Ernennung der heiligen Therese zur Patronin der Weltmissionen durch Papst Pius XI
03.05.1944	Ernennung der heiligen Therese zur zweiten Patronin Frankreichs durch Papst Pius XII.

19.10.1997	Ernennung der heiligen Therese zur Kirchenlehrerin durch Papst Johannes Paul II.
1. Oktober	Gedenktag der heiligen Therese für die ganze Kirche; Namenstag für alle, die auf den Namen „Therese", „Theresia" (von Lisieux) getauft sind.

Verwendete Literatur

I. Quellen

Therese von Lisieux, Selbstbiographische Schriften
Johannes Verlag Einsiedeln, 13. Auflage 1996

Therese Martin, Geschichte einer Seele. Die Heilige von Lisieux erzählt aus ihrem Leben
Johannes-Verlag Leutesdorf, 336.-338. Tausend 1998

Therese von Lisieux, Gebete
Eingeleitet und übersetzt von Andreas Wollbold
Paulinus Verlag Trier, 2. Auflage 2009

Briefe der heiligen Therese von Lisieux
Johannes-Verlag Leutesdorf, 3. Auflage 1983

Gedichte der heiligen Theresia von Lisieux
Johannes-Verlag Leutesdorf, 2. Auflage 1997

Therese Martin, Ich gehe ins Leben ein – Letzte Gespräche der Heiligen von Lisieux
Johannes-Verlag Leutesdorf, 5. Auflage 1998

II. Sekundärliteratur

Theophan Beierle, Ein Weg für alle - Therese von Lisieux
Medien-Verlag Bernhard Gregor, Niederaula, 3. Auflage 1993

Theophan Beierle, Lieben ist meine Berufung
Edition pro Corde, Pettenbach/Österreich, 1. Auflage 1996

P. Maximilian Breig SJ/Pierre Descouvement/Helmuth Nils Loose, THERESIA und LISIEUX (Bildband deutsche Ausgabe)
Verlag der Schulbrüder Karlsruhe, 1. Auflage 1995

Guy Gaucher, Chronik eines Lebens - Therese Martin
Johannes-Verlag Leutesdorf, 5. Auflage 1998

Guy Gaucher, Die heilige Theresia von Lisieux (Bildheft)
Edition du Signe, Straßbourg/Frankreich, 1. Auflage 1995

Zélie Martin, Briefe der Mutter der heiligen Therese von Lisieux
Johannes-Verlag Leutesdorf, 2. Auflage 1985

Anmerkung:
Die Schriften, die bisher im Johannes-Verlag, Leutesdorf erschienen sind, erscheinen seit 2007 im Paulinus Verlag, Trier.

Bildnachweis

Theresienwerk e.V. Augsburg

Nachwort

Die Verfasserin bürgt dafür, dass der heiligen Therese von Lisieux durch die redaktionelle Überarbeitung keine sinnentstellenden Worte in den Mund gelegt werden. Wer sich mit den authentischen Schriften der Kirchenlehrerin beschäftigen will, sei auf die Übersetzung der Originaltexte Thereses hingewiesen, vor allem auf: Therese von Lisieux, Selbstbiographische Schriften, Johannes Verlag Einsiedeln, 13. Auflage 1996.

Briefe der heiligen Therese von Lisieux
Deutsche authentische Ausgabe
Neuauflage in Vorbereitung!

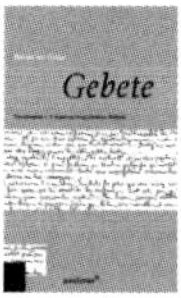

Therese von Lisieux – Gebete
Eingeleitet und übersetzt
von Andreas Wollbold, 2. Auflage
104 Seiten, 978-3-7902-2106-0, 5,00 Euro

Therese von Lisieux. Theaterstücke
Eingeführt von Andreas Wollbold,
übersetzt von Anja Schulze
240 Seiten, 978-3-7902-2132-9, 6,50 Euro

Ich gehe ins Leben ein
Letzte Gespräche der Heiligen von Lisieux
Dt. authentische Ausgabe, 6. Auflage
352 Seiten, 978-3-7902-2075-9, 5,00 Euro

Geschichte einer Seele
Die Heilige von Lisieux erzählt aus ihrem
Leben, 347. Tausend., 292 Seiten
978-3-7902-2090-2, 6,50 Euro

Paulinus Verlag GmbH | Maximineracht 11c | 54295 Trier
Fon 06 51 / 46 08-121 | Fax -220
media@paulinus.de | www.paulinus.de